U0853674

阅读成就思想……

Read to Achieve

GO 爆红 ING VIRAL

让内容、视频及产品疯传的九个营销秘诀

[澳] 布伦特·科克（Brent Coker） 著
张涵 译

The 9 Secrets of Irresistible Marketing

中国人民大学出版社
· 北京 ·

图书在版编目（CIP）数据

爆红：让内容、视频及产品疯传的九个营销秘诀 /（澳）布伦特·科克（Brent Coker）著；张涵译．—北京：中国人民大学出版社，2019.5

ISBN 978-7-300-26748-7

Ⅰ．①爆… Ⅱ．①布… ②张… Ⅲ．①市场营销学 Ⅳ．① F713.50

中国版本图书馆 CIP 数据核字 (2019) 第 028584 号

爆红：让内容、视频及产品疯传的九个营销秘诀

【澳】布伦特·科克　著

张涵　译

Baohong：Rang Neirong、Shipin ji Chanpin Fengchuan de Jiu Ge Yingxiao Mijue

出版发行	中国人民大学出版社		
社　　址	北京中关村大街 31 号	**邮政编码**	100080
电　　话	010-62511242（总编室）		010-62511770（质管部）
	010-82501766（邮购部）		010-62514148（门市部）
	010-62515195（发行公司）		010-62515275（盗版举报）
网　　址	http：//www.crup.com.cn		
	http：//www.ttrnet.com（人大教研网）		
经　　销	新华书店		
印　　刷	天津中印联印务有限公司		
规　　格	170mm×230mm　16 开本	**版　次**	2019 年 5 月第 1 版
印　　张	10.75　插页 1	**印　次**	2019 年 5 月第 1 次印刷
字　　数	132 000	**定　价**	59.00 元

Preface
前 言

什么是病毒营销

一个意外的发现

我念完互联网消费者心理学并获得博士学位后不久，便开始计划我的下一个大项目。我在论文上花了三年的时间，所以迫不及待地想尝试一些新事物。那是 2007 年，YouTube 刚刚兴起，社交媒体和 Facebook 等概念逐渐为人所知。与之前相比，互联网介入了更多人生活的方方面面——办理银行业务、购物、做计划和现在流行的社交。互联网已经牢牢地嵌入了社会之中。把研究互联网对人们产生的影响作为我的事业是一件多么让人激动的事！

这时，关于某些公司在工作时间禁止员工访问外网的新闻引起了我的注意。很明显，很多机构将互联网视为生产力的“杀手”，因为员工在本应该工作的时间访问外网是出于私人缘由。公司认为互联网降低了生产力这种想法引起了我的兴趣，所以我决定测算一下公司因为互联网损失的生产力究竟有多少。

由于我要研究工作场所的互联网使用与澳大利亚全国生产力之间的关系，因此我的第一个难题就是如何计算全国的生产力。当时，我只在行为科学领域接受过一些研究方面的培训，对于诸如全国生产力这种概念的测算则毫无头绪，于是我打电话给一个朋友，希望他能帮助我。谢尔盖是来自莫斯科的一位才华横溢的经济学家，我认为如果真有一个人能为我指点迷津，那么这个人就非他莫属。于是，我安排了一下，请谢尔盖喝咖啡，问问他的看法。

我们在当地的一家咖啡馆见面了。我记得，在我向他解释了我要做的事之后，他思索了很久，之后用带有浓重莫斯科口音的英语回答我：“不可能的！”谢尔盖认为，将全国生产力作为互联网使用情况的函数，所得出的计算结果可能并不靠谱。

我回到了办公室，又想了想我尝试要做的这件事，当天便有了新的计划。我放弃了计算全国生产力的打算，决定去计算企业生产力——我知道，如果研究了足够多的企业，我便可以归纳出一般性的结论。我开始研读关于企业生产力的研究报告。随着研究的深入，我竟有了出乎意料的发现。我先前的假设是，在工作时间出于个人原因访问外网会降低生产力；文献读得越多，我越怀疑自己之前的假设是错误的。一些研究表明，员工在工作中进行短时间的休息能够在总体上提升生产力。还有一些研究表明，禁止员工在工作中处理生活事项的企业，其员工的生产力和忠诚度更低。这与我之前预想的不同，结论似乎是：可以在上班时间访问外网的员工比那些无法访问外网的员工生产力更高。

这个截然不同的发现让我很兴奋，于是我匆匆忙忙地去收集我所需要的数据。我从各行各业员工的庞大样本中搜集了数据，并着手分析。当然，这些数据表明，在工作场所能够自由访问外网的员工比无法访问外网的员工工作效率更高。

这个截然不同的结论让我激动不已，我所在的大学也很热心地将我的研究结果送到了当地的记者那里。大卫·斯科特（David Scott）是大学的媒体负责人，他很快写出一篇新闻稿发了出去，并告诉我："把明早的时间空出来，说不定有媒体会刊登你的研究呢。"当地一家名为 mX 的报社（从城市电车站就能发现它们的免费报纸）对我的研究表现出了一定的兴趣。我深感荣幸。

第二天早上，电话铃声将我从睡梦中惊醒。来电话的是大卫。"布伦特！你跑哪儿去了？"他的语气中透着抑制不住的兴奋，"我一直联系不上你，快看邮件！"我打开了电脑——4000 多封邮件！发邮件的人我大多不认识，邮件还在不断增加。给我发邮件的有要求采访我的记者，有感谢我的研究的员工，有向我发问的人，也有一些向我表示祝贺的学术圈的朋友。"大卫，发生了什么？"我问道，惊喜之余也有一丝慌张。"你的研究已经登上《纽约时报》了，在 Twitter 上都疯转呢！"他兴奋地大声说道。我满腹狐疑地坐回到座位上。

接下来的几天，我的电话就没消停过。从美国到欧洲其他国家，我接受了很多广播电台和媒体的采访，回复着似乎永远都回复不完的邮件。新闻界在报道：一项新的研究发现在工作时间上网有助于提升生产力。出于某种原因，似乎人们讨论对于这个话题乐此不疲。我关于"网上冲浪的自由"的研究竟像病毒一般传播开来。

正如他们所说的，我也当了 15 分钟的名人。但真正让我感兴趣的是，我的研究为何会以如此之快的速度传播得如此之广。所以我开始了一项新的研究：事情是如何像病毒一样传播的。这本书记录了我的研究所得。

病毒式传播

医药和农业领域取得的重大进步改善了粮食的生产，减轻了人们在世上遭受的痛苦。没有人会否认这些信息对于提升人类福祉的重要性。但是，比起新品种水稻亩产能增加多少，人们更愿意去谈论一条裙子究竟是蓝黑色还是白金色。我敢说，在我的研究广泛传播的时候，可能有一百多条更加重要的学术研究也在同一时间发布了出来——这些科学方面取得的点点滴滴的进步最终可能解决世界上一些重大的问题。相比之下，我的研究显得那么微不足道，但是人们却都愿意去谈论我的研究。

这就是病毒式传播的第一课。导致某个信息广泛传播的原因并非信息本身的重要性，而是其分享的价值。所有病毒式内容都有一个共同点——能够驱使人们分享。科学上取得的点滴进步虽然重要，但如果人们没有与他人分享它的动力，它就无法获得广泛传播。

人们分享的动机背后，是一套涉及多方面的复杂的心理机制。它决定着人们做出某种行为的时间、方式和原因。如果某件事很有趣，人们就会将其告诉别人。这是一个再明显不过的道理。但是究竟怎样才算“有趣”？“有趣”的内容是如何驱使人们分享的？如果事情是如此简单，那么又如何解释失败的广告策略、夭折的品牌和从未被他人所知的好点子？为了理解事物是如何像病毒一样传播的，我们必须深入研究，不局限于给“有趣”下定义，而是研究信息和媒体是如何以强有力并且可预料的方式影响着人们的。病毒式营销的目的并非获得人们的注意，而是以有意义的、令人难以忘怀的方式来影响人们。

这本书的观点涉及不同领域的前沿研究，如心理学、数学和经济学。本书不仅解释了事物为什么会广泛传播，同时也深入探讨了事物病毒式传播的机制和途径。

我用了九个章节来阐释病毒式营销。

1. 分享是病毒式传播的基础。是什么驱使人们与他人分享某些内容？病毒式营销需要一种与传统营销不同的思维模式 。在本章中，我解释了价值交换如何成为人们分享的动机。你将了解是什么驱使人们想要分享以及如何设计内容才能激发人们分享的欲望。
2. 自我提升是分享的重要动机。哪些社会因素会影响人们分享的决定？在本章中，我解释了其中的两个社会因素，即人们作为社会成员的身份的核心价值和人们为给他人留下好印象或获得别人赞同所做出的努力。你将会了解如何通过了解目标受众的心理来制作值得分享的内容。
3. 把握受众情感。情感是如何促使人们分享的？在本章中，我讨论了情感的重要性，为什么情感会驱使人们分享以及如何激发人们的情感回应。你将了解强烈的情感如何产生以及如何以最有效的方式传递情感。
4. 制造期待，促进分享。生理反应如何产生？在本章中，我讨论了期待的几个有趣的性质、分享如何与某些生理反应机制相关联，以及精神上的专注如何驱使人们分享。你将了解如何创造一种生理反应，使那些令人难忘的内容更具分享性。
5. 用亲切感培养忠诚度。人们的感觉如何影响其分享的决定？在本章中，我讨论了亲切感在病毒式传播中的作用。亲切感不仅关乎联系，更是一种温暖的、带有深厚感激色彩的感觉。在本章中，你将了解亲切感为何具有如此大的力量。
6. 制造劣势，赢得人们的正义感。是什么让人们支持一些事物并希望这些事物能够胜出？在本章中，我讨论了正义的作用以及努力为什么会比能力更容易获得人们的支持。你将了解如何通过创造一种不公平的劣势来赢得弱势群体的支持，以及人们的正义感如何影响他们分享的动机。

7. 通过羊群效应加快传播。如何将值得分享的内容扩散出去？在本章中，我将带你了解如何将内容像撒种子一样散播出去，以获得广泛传播的先机。你将了解如何选择内容传播的网络，如何正确选择受众以及社会认同的有效性。
8. 认识群体差异，树立口碑。如何做到锦上添花？在本章中，我介绍了基于人群的分享行为，如何广泛地树立网络口碑来助力那些值得分享的内容的传播。你将了解如何设计内容，使其适应基于群体的分享行为，以及争议性和忠诚度如何促成网络口碑。
9. 学会制作病毒式营销视频。将品牌附着在可分享内容之上的最佳途径是什么？在最后的这一章，我将讨论这一问题以及讲故事的神奇力量。你将了解病毒式营销视频的基本框架，以及如何构建品牌的视频广告以使移情和分享的效果最大化。

这九章呈现了我的相关研究的主要内容，涉及不同科学领域的能够导致信息病毒式传播的先例。我用诸多实际生活中的例子和启示性的故事来说明如何将这九章的内容运用到实际中。病毒式营销成功的秘密不应隐藏在高级的公式中或是深埋在晦涩的期刊里。我认为每个人都应该有获知这些秘密的权利。

那些希望了解这个世界流行最广泛的观念如何传播的人，那些希望创造出让人们禁不住去分享的信息的人，都能从我写的这本书中获益。让自己的点子像病毒一样传播就等于踏上了一条通向山顶的神奇捷径，让你绕开所有的陷阱、痛苦和努力走向成功过程中的伤痛。人们对于病毒式传播的最大误解就是认为它是随机发生的。在你读完这本书后就会发现并非如此，你不需要靠着运气才能传播某些信息，你可以掌控自己的成功。无论你是一位小企业主、一名广告经理，或是街头的某个需要将信息分享给他人的人，这本书都是你的不二选择。

一种不同的思维模式

2013 年，我去巴西的圣保罗参加会议。在我坐出租车从机场前往旅店的途中，我一直注视着车窗外一闪而过的风景。这是我第一次来南美洲，我迫不及待地想好好地把这个城市了解一番。但是不久之后我便有了一种异样的感觉，有些东西好像不对头，但我又说不上来是什么。快到旅馆的时候我突然想到了，我这种异样的感觉缘于风景中缺失了一些东西——圣保罗没有广告，这真让人感到奇怪。

我之前已经习惯了随处可见的广告牌、海报和品牌标识，以至于见不到这些东西就会感到不自在。我心想，圣保罗无疑是有营销这个行当的。问题到底出在哪儿？到了旅馆并安顿下来以后，我打听了一下外面为什么没有广告。答案让我惊讶不已，圣保罗在 2006 年就禁止了户外广告——它是世界上第一个这样规定的城市。对于圣保罗当地人而言，户外广告与污染无异。

作为一名营销人员，周围的人将广告视作污染让我感觉有些尴尬，但同时也悄无声息地给我留下了深刻的印象。其他国家可能认为圣保罗对户外广告的态度有些极端，但我却不认为圣保罗人的态度有什么不寻常的。每天，我们中的大部分人都会接触到数以十计、甚至数以百计的广告信息，但我们真的需要这些信息吗？我们中的大部分人都已经学会了容忍甚至屏蔽广告。几十年来营销人员不得不面对的挑战是，如何从其他品牌的众声喧哗中脱颖而出、获得人们的关注。

与病毒营销相对的是制造争议，吸引眼球。这种理论认为，如果人们对某事感到震惊，那么他们起码会对此加以注意。但是这种理论有一处硬伤。争议的产生依赖于营造一种消极的情感反应，如厌恶、悲伤，有时还有恐惧。这些并非令人愉快的情感，通常而言人们都会避之不及。一个小男孩头上套了塑料袋近乎窒息可能会引起人们的好奇心，但却缺乏让人们分享这种广告的理由。鉴于此，这类广告策略很少会取得病毒营销的效果。人们很乐意去跟他人分享一个笑话，因为笑话可以让人们开心，但是很难想象人们会通过分享一些令人震惊的广告让他人的情绪变得消极。

在互联网诞生之前，人与人之间的联系相对较少。即便到了今天，在互联网之外的现实世界中，人们周围也只有大概两三个密友而已。一旦到了互联网上，生活就不同了——现如今平均每个Facebook用户就有300多个朋友。互联网就是一部机器，能够在最短的时间内使信息得以同时在成百上千的网民中快速共享。这就是病毒式传播的理想催化剂。但是，尽管相较从前我们与更多的人产生了联系，但我们与他们并不是那么亲近。我们时常会与网络上的一小部分人互动，但仅是一小部分人而已。我们很乐意与他们分享一些有趣的东西，但是如果分享某些东西会让他们质疑我们的品格，那么我们就会三思而行了。社交媒体就像一个城镇广场——正常人去那里不是为了吓唬别人或让别人感到沮丧，而是为了社交。人们在意他人的看法，这就影响了他们决定分享什么信息、不分享什么信息。

你跟一个人越亲密，越有可能与之分享一些消极的东西。人们倾向于与亲近的人分享伤感的、可怕的或讨厌的经历，这也是与他人维持良好关系的一种方式。但是人们很少与不了解的人分享负面的经历。

因为争议性广告夹杂了负面情感，人们不愿意激发不亲近的人的负面情感，所以争议性的广告并不能像病毒一般传播。互联网鼓励分享，但同时，分享背后的驱动机制已经变了。人们会反复斟酌他们分享的内容，分享的理由也愈发微妙。

这本书需要你采用一种不同的思维模式。我们谈论的并非制造争议或在芜杂的内容中博取人们的眼球。我们探讨的是创造有价值的东西，让人们乐于体会、乐于分享的东西。

Contents

目录

第 1 章

分享是病毒式传播的基础

2010 年的某一天，我正在书桌前整理我所教授的夜间课程的笔记时，电话响了。来电话的是一名自称谢丽尔的女士。她解释道，她在澳大利亚悉尼市经营着一家时装广告公司。她的声音急促而有力，似乎承受着某种压力。她听说我正在做“病毒营销”方面的研究，所以希望我为她提供一些建议。她给我打电话，我感到很荣幸，而且对个中缘由深感好奇。

我们聊了大概五分钟。除了寒暄和闲聊外，她跟我讲述了她的困境。她告诉我，她有个客户，想发布一个新的内衣品牌。客户希望这个品牌的互联网广告能够“像病毒一样扩散”。但问题是，广告推出后并没有引起太大反响——几个月之后，浏览量不过 400，因此客户要讨个说法。

可以理解谢丽尔为何如此绝望并想要找到解决这个问题的办法——进行病毒式营销。尽管暗自怀疑这个问题可能无法解决，但在通话结束前，我还是跟谢丽尔承诺会看看这个广告。

我把备课的事情放在一边，点开了她发给我的链接。这是一个“个性化故事”类型的广告，这种方法我之前也见过。具体的方法是，一开始就要求观看者上传一张个人照片，这张照片最终会包含在故事里。这么做的目的是给原本以为与故事无关的观看者一个惊喜。我上传了一张自己的照片，性别选择“男性”，然后坐下来细细观察。

电影一开始，摇摄的是一间半明半暗、翻新过的小型公寓。然后，镜头逐渐聚焦，一位穿着内衣的女性从公寓的暗影中款款走来。她迈着轻盈的步子，经过咖啡桌，顿了顿，拿起一本杂志，然后向她的床走去。她躺在床上，翻开杂志，漫不经心地翻了几页，然后眼光停留在其中的一页上。镜头拉近，原来令这名女性目光停留的那一页上，有一位肌肉发达、肤色略深的男性穿着丁字裤在摆造型。镜头进一步拉近，我看到了这个男性的面庞——原来是我自己！

之后，画面开始变得暧昧——这名女性一边盯着图片看，一边抚摸自己，然后……我回想了一下与谢丽尔的对话，感到很不舒服。

这则广告没有像病毒一样传播的原因于我而言是显而易见的。问题并不是广告制作的质量不够高——很明显，在制作方面投入了很多费用和心思。问题就在于，广告预设了一个前提——“性”会让商品大卖；或者更准确地说，展现挑逗性的内容会让人们愿意分享……

传播的基础是可分享性而不是性

让某种事物像病毒一样扩散的背后因素是分享。人们越愿意在网络上与他人分享某种事物，这种事物就越会广泛地传播。

分享的理念并不新奇。营销人员早就知道，口口相传是促进一个品牌取得成功的强劲动力。过去，人们从亲友或同事中听闻他们可能感兴趣的事物。如果他们在开车上班的路上看到一个有趣的广告牌，或在前一天晚上看到一则有创意的电视广告，他们可能就会在办公室的饮水机旁或是聚会的闲聊中提到这则广告。当然，如今大部分人都是通过互联网联系在一起。互联网已经衍生为一种创造和管理社会关系和群体的工具。如果某个人有他自认为有价值的信息，就会通过数字网络与他人分享。新闻在网络上传播的速度很快，一些有价值的、人们有理由去分享的东西会很快地像病毒一样传播扩散。

有些事物对于一些网民而言可能很有趣，但是如果人们没有分享它的理由，这个事物就不会像病毒一样传播。网上的内容，关注度越高，被分享的频率也就越高。观看和分享之间存在很强的正相关。如果没有理由将某个事情告知他人，那么这个事情就不会广泛传播。

谢丽尔的广告之所以没有实现病毒式传播，是因为有某种因素抑制了人们分享的欲望。对于大部分人而言，在社交网络上分享明显带有性色彩的内容会让人感觉很尴尬，这是因为人们不一定了解他们认识的所有人，不知道这类内容是否会让他们感到不自在。人们在意社会规范，依据社会对他们的期望选择做出或不做出某种行为。大部分人不想因为传递了某种信息而让他人认为自己的性格很古怪。人们在网络上分享某些事物，不仅是因为事物本身很有趣，也因为他们在乎其他人的想法。对于互联网广告而言，人们对于性不买账，就是因为性本身并不怎么具有可分享性。

获取社会地位是分享的动力之一

许多年前，我的一位女同事经常带自制的蛋糕给同事们吃。享用她的蛋糕时，我内心十分感激，她也确实是一位很可爱的人。但是我经常会好奇她为什么会这样做。她只是在示好，还是有其他原因？如果她每次带来的是不同口味的蛋糕，我可能会认为她只是喜欢烘焙而已。但是她每次只是带来香蕉口味的蛋糕或是覆盆子松糕。

> **社交货币**
>
> 任何人们通过互动和社交获得的人际价值。社交货币会给你带来好名声，让人们尊敬你，让你有归属感。

心理学家可能认为，她之所以将蛋糕带到工作场所，是因为她想得到更多的"社交货币"。社交货币是人们在互动和社交的过程中获取的价值。当你拥有社交货币，有一个不错的名声时，人们就会尊重你，你对所在的群体就会更有归属感。通常而言，你拥有的社交货币越多，你的社会地位就越高。很有可能的是，在她人生的某个时候，她得知当自己给一个群体的人带去大家都喜欢的东西时，人们就会更加喜欢她。

人们获取社交货币的一种途径是对一个群体做出积极贡献。我曾经有过这样的疑问，为什么人们会去观看一些自己在实际生活中并不爱做的运动？他们经常如此，是因为他们可以在与其他人社交的过程中利用所掌握的运动方面的知识来管理自己与他人的关系。共同利益是把人们联结在一起的重要力量。我们从小就知道，当我们逗别人开心时，他们会更喜欢我们，对我们也会更好。当我们对他人友善时，他们也会善待我们。当我们进行团队合作时，团队会看重我们的成员身份，我们也赢得了尊重。

所以，为什么社交货币对人们来说如此重要？

生物学家认为，人们获取社交货币的欲望是从一种以保障生存为目的的进化过程演化而来。人类发展的早期阶段，群体生活对人们而言都是有益的，群体中的人既可以更容易地获取食物，也可以免于捕食者的攻击。随着时间的流逝，为了保证群体的内部团结和稳定运转，身份地位和社会阶层便应运而生。这就意味着人们必须了解群体成员需要遵循的惯例和交流风格，确保群体内部的冲突最小化。从古至今，群体和谐都是让群体正常运转的必要条件。要在群体中获得较高的地位，必须自己努力争取。换言之，就是赚取社交货币。

社交货币能够强有力地驱动人们与他人分享信息。理解人们如何运用信息去积累社交货币，对于弄清楚某些事情如何广泛传播具有关键性的意义。人们为分享有价值的事物做出了努力，如果别人因此而感激分享的人，那么分享的人就愿意去分享一张滑稽的图片、一个笑话、一个点子、一部电影或其他的信息。人们感激他人分享了有用的信息，这也让分享者本身赚取了社交货币。

制造争议并非营销的最佳策略

营销界有一条古老的格言——“性”会让商品大卖。自 1871 年珍珠烟草公司（Pearl Tobacco）在香烟包装上使用了一名裸女的图片以来，衣着暴露的女人就开始出现在广告中。20 世纪 80 年代，卡尔文·克莱恩（Calvin Klein）在广告中成功地运用性魅力吸引了看客的注意。在这则广告中，有半裸的男性躯体和话题女王——模特波姬·小丝（Brooke Shields），她在广告中大声说：“想知道我和我的 CK 牛仔裤之间有什么吗？什么都没有。”这种带有“性”色彩的广告，其目的不只是将品牌和欲望联系在一起，制造争议也是目的之一。

制造争议背后的理论是，如果你做了被他人视作禁忌的事情，那么人们就会开始谈论这件事。由于争议本身让很多人在社交中感到不适，因此品牌本身可能会受到影响，但起码有人开始议论这个品牌了。如今，用争议来做广告这一套行不通了。

2011 年，贝纳通（Benetton）发布了一条以“摒弃仇恨”为题的广告。广告巧妙地运用了几张用修图软件精心处理过的图片；图片上，世界各政治和宗教领袖在热吻彼此。图片很不雅观，即便是没有宗教信仰的人，看到之后也深感厌恶。罗马教廷对此事极为震怒，表示如果不删除这些照片，它们就会诉诸法律。

尽管广告运用了世界最为知名的图片新闻，却未能广泛传播。广告没有出现在社交媒体中，也没有人分享它。实际上，唯一能发现这些图片的地方就是报道罗马教廷对此事做何反应的新闻网站了。在大部分文化中，人们交流时都避免谈及宗教，这也降低了人们分享这种广告的热情。

贝纳通的例子说明，制造争议并非“病毒营销”的最佳策略。人人都希望自己在他人心目中的形象是正面的，没有人希望他人对自己的评价是消极的。在数字经济时代，营销人员需要思考如何创造可分享的内容，其中的一个方法就是推出有分享价值的内容。如果某些事物可以给人带来社交资本，那么人们就会分享它。

分享次数最多的图片是如何火起来的

在赢得 2012 年大选后，巴拉克·奥巴马在 Facebook 上发了一张他和妻子米歇尔拥抱的照片，并配了标题“又是四年”。短短15个小时，这张照片就获得了350万个赞，被分享近50万次。迄今为止，这是Facebook上分享次数最多的图片。

很明显，巴拉克·奥巴马很受欢迎，如此之多的选民把票投给了他。但是他与妻子拥抱的照片是如何像病毒一样传播的？

当你看到这张照片中巴拉克·奥巴马的表情时，有一点很明显，那就是这个拥抱真实而不做作。这就和一个人很久没见到爱人，最终见到对方后给爱人一个拥抱时流露出的神情一样——既平静又愉悦。就在这宝贵的一瞬间，人们目睹了世界上最有权力的人之一如此具有人情味的一面。

回想一下你这辈子碰到的领导人吧。是什么让你尊重或鄙视一个领导的？是他们秉公行事、关心下属、在关注所有人福祉的同时又展现出栽培下属的能力吗？历史上大部分受人尊重的领导人都有一些基本的品质，尽管这些品质在我们当下的政客身上很难找到。我们可能看到政客们参观学校或访问贫困社区的新闻画面，但我们往往很难区分哪些是他们的真心行为、哪些是他们的心机，尤其是临近大选之时，判断这些就更加困难。看到新总统温情脉脉的一面，人们感到心安，因为他们知道自己选择了一位有感情的总统。这就是那个在接下来四年里治国理政、与民众同甘共苦的人，对于那些投票给奥巴马的人而言，这张照片传递了积极的信息，人们会禁不住去分享它。

巴拉克・奥巴马拥抱妻子的照片值得分享的另一个原因是，这张照片是基于当下很多人正在谈论的一个热点事件。当某个人正在思考某件刚刚发生的事情或某个新闻事件，如果别人分享给它的内容恰巧是关于这件事的，那么他就更容易注意分享的内容。借着时下众所周知事件的主题来创造可分享的内容是一条很有用的捷径。

通过赚取社交货币火起来的手机应用

2013 年，福尔曼大学（Furman University）兄弟会的两个男孩凑到一起，进行了一番头脑风暴，想出了一个手机应用的点子。泰勒・德罗尔（Tyler Droll）和史蒂芬・布鲁克斯・巴芬顿（Stephen “Brooks” Buffington）之前做过手机应用，但是之前的尝试都没有像他们希望的那样成功。他们知道自己可以做得更好，并本着真正的企业家精神埋头苦干，终于开发出了一款手机应用，结果大获成功。

他们是在一个咖啡馆碰面，开始讨论新点子的。讨论过后，他们决定做一个聊天应用，大学生可以在上面对大家喜闻乐见的事物发表评论。没有照片，也没有视频，只是基于文字的聊天。不同之处是，所有的聊天都必须完全匿名。

泰勒开始工作了，不到一周时间就开发出了一个应用的样品。为了让人们使用这款应用，泰勒和布鲁克斯告诉朋友们，这是常青藤联合会的几个哈佛大学学生请他们做的应用。他们希望将这款应用与电影《社交网络》（*The*

Social Network）中“Facebook”的成功联系在一起。这个毫无恶意的谎言成功了，他们的朋友们不久便迷上了匿名聊天，一周之内，大学里半数的人都在使用这款应用了。过了几周，这款应用又在南边的一所大学流行起来，随后又在城镇另一端的一个大学火了起来。仅仅几个月之后，这款应用便已风靡全美国的大学校园，积累了 10 万名用户。一年之内，这款应用就有了 200 万用户，在苹果的应用市场中下载频率位列前三。这款应用真的火了。

这款名为 Yik Yak 的应用的一个显著特点就是它具有“点赞”和“点踩”的选项。这有两个作用。其一，当一个帖子的“点踩”数达到四次，评论就会自动删除。这就创造了一个自适应的系统，用户可以删除不想看到的评论，同时能够直接衡量自己帖子的价值。其二，它还可以直接估量社交货币的多少——如果人们点赞，那么用户的可信度就会增加。

Yik Yak 的另外一个特点就是匿名。无须注册或登录——人们可以完全匿名发布他们想发布的内容。通常情况下，人们害怕别人对他们的言行做出评断，因此无法自由地表达自己的欲望。一个人发出不合乎社会规范的言论是需要极大勇气的。即便这个言论是正确的，其他的说法是错误的，人们也会畏惧发表言论所造成的后果。历史上这样的例子比比皆是，人们勇于站出来发表观点，最后却因此受到惩罚。即便真实想法与他人大相径庭，大部分人也更倾向于随波逐流，按照社会规范行事。

Yik Yak 的匿名性通过创造一个平等的状态，铲除了妨碍人们赚取社交货币的社会偏见。通常情况下，人们获取社交货币的能力与他们的社会地位紧密相关。我敢说，你一定在你的工作场所或其他地方注意到了，那些招人喜欢的人讲笑话时，捧腹大笑、笑得直拍他后背的人很多，那些不那么招人喜欢的人讲同样的笑话，效果就会大打折扣了。人们对于人缘较差的人带有偏见，影响了他们对奖励和应得权力的看法。因此，一个人缘好的人比人缘较差的人能够赚取更多的社交货币。Yik Yak 通过匿名发帖的方式消除了这种“不公平的优势”。

Yik Yak 的匿名性使人们不受社会偏见和影响自由表达的社会规范的干扰，能够自由地发表言论。Yik Yak 提供了一个安全的实验场，人们在这里可以检验他们真实的想法，并因此受到奖励。你写的东西获得 20 个“赞”给你带来的感觉强有力地驱使你去使用这款应用，并且有助于提高你的自尊感。Yik Yak 通过消除阻碍人们进行分享的社会偏见，成功地利用了人们赚取社交货币的欲望。

创造能够像病毒一样传播的内容（病毒式内容），其诀窍在于给人们一个分享的理由。内容本身很有趣尚不足以令其广泛传播。如果内容本身对于大部分人而言是有分享价值的，那么其分享的价值越大，内容就越有可能被广泛传播。如果内容不值得分享，或者有足够多的人没有分享的动机，那么内容就不会获得广泛传播。在这个互联互通的社会里，第一步不再是如何制造兴趣，而是如何驱动分享。

“病毒式”分享行动计划

创造病毒式内容，其诀窍在于给人们一个分享的理由。以下三条基本原则或规律应该贯穿于广告的构思、制作和发布过程。

1. 赋予人们分享的动机是决定每一则互联网广告制作和传播策略的基础。
2. 在互联网广告制作和传播的过程中要减少甚至消除任何一个让人们不肯去分

享它的理由。

3. 必须仔细评估一下（1）分享的动机是不是很强；（2）有分享动机的人是不是很多。评估之后选择一个能够驱动人们分享你的内容的理由。

下面我会仔细讲讲这三条原则。

构思的第一步是想一想为什么许多人会与周围的人分享信息。有一个很明显的理由就是出于幽默的需要，因为人人都希望开怀大笑，人人都喜欢分享有趣的事情。尽管如此，幽默还是有其弊端的。人们幽默的风格不尽相同，并不是所有的人都喜欢同一类笑话，所以幽默的效果是无法保障的。通常而言，在病毒式内容中，幽默通常用在那种让人“放声大笑”的内容上，而不是用在那种仅仅带有娱乐色彩的内容上。互联网上到处都是幽默的营销广告，然而其中很多都未对足够多的受众产生影响力。

除了幽默之外，人们还有以下几种分享的动机。

分享一种需求。人们倾向于并且希望告诉他人自己的需求和愿望。下面这种对话很常见：“有一天我想去参观……”或“我看到了一双很棒的鞋子，我很中意……”如果你给某人看一张图片，图片上恰恰是这个人想要拥有的那双鞋子，他 / 她就可能将这张图片展示给认识的人看。社交网站 Pinterest 就是这方面一个不错的例子。

问题是，人们的需求和愿望并不具有普遍性——比如，张三给李四看了一张鞋子的图片，如果李四并不是强烈地想拥有这双鞋子，那么他就不会再将图片分享给其他人。因此，窍门就在于找到所有人在同一时间都想拥有的东西。比如，试想一下，漫长的冬日，人们重复着单调的工作，假期遥遥无期，这是多么痛苦。可以肯定地说，一定有很多人处于这样的困境中，而且大部分人（如果不是全部的话）都有想要逃离这种困境的强烈愿望。因此，位于热带的博拉博拉岛上一个海景别墅的图片就会对急切地想逃离到乐土的人产生吸引力。人们就会产生分享这张图片的强烈愿望，尤其是当他们知道亲友也处于同样困境中时，这种分享的欲望就更加强烈。一些诗情画意的景观照片就是这样火起来的。

其他的选择包括一些产品，能够解决明确的、困扰很多人的问题，涉及几乎所有人都想避免的情景或是大部分人都想经历的不同寻常的情景。

让别人认为自己很有趣。由于有趣的人为他人所青睐，能够为自己赚取社交货币，因此人们希望给他人留下“为人有趣”的印象。让自己看上去很有趣的一种方法就是妙语连珠，但并非所有人都天生具有用这种方式取悦他人的能力。能够唤起他人热情的能力与性格优点和知识的丰富性息息相关。任何一种能够引发人们深入思考的内容都会让分享者看上去很有趣。预先包装过的图片，再配上一句鼓舞人心的名言，就是一个不错的例子。

向他人传达有关他们价值体系的信息。每个人都有自己的一套价值体系：一套令其执着于斯的观念体系。人们想让他人了解自己的观念，但是很难在分享观念的时候既能引起别人注意，听起来又不像是陈词滥调。

比如，有人认为，现役军人为国家做出的贡献没有得到足够的认可。他们之所以持有这种观点，可能是因为他们知道某个人正在服役，也可能因为他们很爱国。直接陈述他们的观点可能会得到他人的认可，但是即便观点很重要，也可能不会被分享、传播。人们说话时不想让自己听上去过于认真，尤其是在与他们不是那么熟悉的人交谈时。但如果有一张图片，上面是一名即将回去服役的士兵抱着一个新生儿在哭泣，分享这张图片就是一种间接的、恰当的与他人分享观念的方法，因为照片并非分享者本人的创造，只是拿给别人看了而已。图片经过如此包装后，既能传递一条有影响力的信息，又具有可分享的价值。

制作成功的互联网广告，不妨从创造分享的动机开始。上面三种途径——分享一种需求，让人们看上去很有趣，以及间接、委婉地为他人提供分享他们核心价值观念的途径，都是不错的方法。

还有一点很重要。在制作广告的过程中，要避免出现一些妨碍人们分享的因素。避免这些因素的一种方法是，预测观众看到广告后会有怎样的情感反应。通常情况下，由于大多数人不会也不希望（通过分享一些唤起消极情感的内容）让他人产生糟糕的感觉，因此应该尽可能避免消极情感，特殊情况除外。带有性色彩的内容可能会吸引人们的注意力，但同时也会让人感觉尴尬，因此人们很少去分享它。带有惊悚色彩的内容让人们感到厌恶，那些强调他人不幸的内容则让人们感到悲伤。尽管这些内容会产生一些影响力，但还是慎用为妙。

但这个规则也有一个例外，那就是能够引起人们共鸣、让人们觉得有意义的内容，尽管有可能唤起人们的消极情感，但也具有分享价值。一个父亲改变了自己的容貌，是为了安抚有生理缺陷的孩子；一个女子在丈夫下葬之前睡在丈夫的棺椁旁边，以感受最后的温存——这两张照片像病毒一般传播，唤起了人们强烈的情感。这样的图片之所以可以分享，是因为人性的弱点在其中彰显无遗。我们在生活中面临的状况大同小异，有很多事并非人力所能控制，如果有内容暗示生活中存在不公平的劣势或有人在逆境中也能尽职尽责时，人们就会感同身受，与他人分享这样的内容（更多内容请参考第 6 章）。

第2章

自我提升是分享的重要动机

1974 年，有一名年轻的匈牙利教授希望解决设计工程中的一个难题。他是教建筑学的，那时还没有人知道如何将物体连接在一起，每个物体都可以活动而不受其他物体影响，所有物体组成一个整体时却不会散架。这个问题实用价值的大小有待商榷，但是在这种学术兴趣的驱使下，教授认为这个设计起码在教授学生三维物体的形状和空间方面是有用的。

第一次，他先手工制作了几个方块，用橡皮筋把它们捆起来。这种方法失败了。之后，他考虑如何利用物体的形状将一些能够独立移动的物体连接在一起。尝试了很多次之后，他设计出了一些草图，26 个小方块凭借形状连接在一起。在这样的布局中，无须将方块从整体中取出，就可以将其移动到任何位置。他按照设计图，用木头做了一个模型，在每个木块表面都贴上了彩色的贴纸以便观察每个木块的位置变化。他高兴地发现，模型实验成功了。唯一的问题是，所有的木块很快混杂在一起，每一个木块都很难再回到原来的位置上。“我们转动木块的时候，它反倒把我们自己弄糊涂了。”他想。

这位来自匈牙利的年轻教授厄尔诺·鲁比克（Ernö Rubik）那时可能没有意识到，他发明了史上最受欢迎的玩具。

一个令人沮丧的难题如何成了爆红的玩具

鲁比克魔方在全球范围内卖出了 3.5 亿多个。据估计，每七个人中就有一个人尝试解开魔方之谜。是什么让魔方如此受欢迎？

鲁比克魔方有 4.3×10^{19} 种组合，却只有一种出路。但有趣的是，根据数学计算，每一个鲁比克魔方都能在转动 20 次以内拼好六个面。这就给人们制造了非同寻常的挑战。经常听说有人在一分钟之内就拼好六个面的。魔方俱乐部里，鲁比克魔方的爱好者们自称“立方体土包子（Cubic Rubes）”。其中一些人能在 10 秒之内拼好魔方的六个面。我写下这段文字的时候，来自美国的科林·伯恩斯（Collin Burns）作为世界纪录的保持者，成绩是 5.25 秒（这怎么可能！对于像我这种试图拼魔方却拼不出的人，听闻有人能在几秒之内拼出六个面会感到不可思议）。

20 世纪 80 年代，当鲁比克魔方第一次出售时，盒子上的广告是这样的：“10 亿多种组合，一种解决之道。”魔方看上去很好拼，这点极具欺骗性，它就在透明的包装盒里摆着，卖家宣称的“10 亿多种组合”和独特的样式吸引着人们前来挑战。于是，有人能够在几秒之内破解魔方之谜的消息会不胫而走。这是完美的终极挑战——本来不可能的事，但每个人应该都可以做到。世界上大概没有几样东西能够带来如此独特的挑战了。

鲁比克魔方第一次出现在大众视野时，各地的人们都争先恐后地加入魔方达人的阵营。那些知道如何拼出魔方六个面的人凭借其能够解决看似无法解决的难题而备受尊崇。魔方大获成功的秘密，在于它制造了终极的智力挑战：解决一个看似不可能解决但有些人在几秒之内就解决了的难题。这就是鲁比克魔方的独特之处。很多游戏给玩家带来了挑战，但是几乎没有一个能够像魔方一样如此挑战人们的智力。

我们天生就爱批判他人

我经常看见社交媒体网络上有很多谜题火了。“这个谜题是一道幼儿园入学考试题。你能解出来吗？”或者“92% 的美国人都做错了。你知道答案吗？”这些谜题几乎都在暗示“没你聪明的人都解出来了，你呢？”这些问题与鲁比克魔方声称的 10 亿种组合、但每天都有人在几秒之内拼出来有异曲同工之妙。人们禁不住会与他人分享这样的挑战。

人类很奇怪，总是被挑战吸引，许多谜题不过是“战书”而已。“自我提升”让人们痴迷于挑战。这是一种让人们自我感觉良好的心理倾向。这种心理倾向往往在人们做一些能够提升自尊感的事情时显露出来。为了提升自我，人们倾向于强调自身积极的方面，淡化消极的方面。例如，我们更有可能突出自身的优点，指出他人的缺点，因为这样会让我们自我感觉良好。我们更有可能对别人说，某某在工作时遭遇了尴尬，而不会跟别人说自己遭遇了窘境。我们倾向于谈论自己的成就和他人的失败。尽管大部分人都没有意识到这一点，但是将自己看得高人一等的确可以让我们自我感觉良好，进而达到自我提升的效果。

> **自我提升**
> 是一种让人们自我感觉良好、保持自尊的心理倾向。

我有一个朋友，曾经很喜欢观看关于死刑犯和美国监狱系统暴力的真人秀。有一天我问他为什么喜欢看这种东西，他告诉我，囚犯的遭遇让他自己的问题显得微不足道了，这让他感到振奋。看到别人受罪不仅不会让他感到压抑，反而会提升他的自尊。这就是“自我提升”的心理机制。将自己与他人的不幸相比照，是人们提升自我的另一种方式。

受“自我提升”心理的影响，我们都倾向于做出过度积极的自我评价，认为我们比实际情况更有能力地掌控自己的命运，我们在大多数情况下都过于乐观了。比如，赌徒可能认为他们擅长赌博，认为自己赢的概率很大，而实际上统计结果却并非如此。基于这样的乐观心理，赌徒经常自信地认为自己不会输。自我提升的动机让赌徒相信他们能赢。

我曾作为一名滑雪救护队队员在滑雪行业工作过。我的一个工作职责是立起围栏，保护滑雪者，让他们远离危险的露出地面的岩层或其他危险物。那些经常由于失控而受伤的初学者是我们的重点保护对象。在规划滑雪道时有一件事帮了我的忙，那就是我知道初学者总想离缆车越远越好，而老练的滑雪者却恰恰相反。那些经验丰富的滑雪者投入了大量的时间，练就了高超的滑雪技能，他们自我提升的方式是向那些坐滑雪缆车的人炫技。相反，那些初学者不想让人看到自己摔跤。从我在滑雪行业的经历不难得知，老练的滑雪者最爱的就是那些能看到高级雪道的缆车了。自我提升的愿望与我们想超越他人的愿望是紧密相连的。

如果你问别人是想成为赢的一方还是输的一方，他们每次选择的都是赢的一方。如果你是为数不多的能够破解鲁比克魔方的人，那么你就已经比那些拼不出魔方的人强多了。每个人都希望被别人羡慕，这种愿望使我们更倾向于提升自我。鲁比克魔方看上去是一个无法解决的难题，但是我们都知道或者听说有人破解了这个难题。这些人获得了他人的羡慕，别人认为他们有某种一般人不具备的特殊技能。我们不喜欢低人一等，我们希望成为那些比自己更好的人。

获得认可也是分享的动机之一

有人曾经告诉我，人们在 Facebook 上更新状态的唯一原因是让他人产生嫉妒之心。当然，这种说法不一定准确——没有人愿意被别人视为一个自私自利的人。但是人们分享某些内容一定是有原因的。通常情况下，人们分享内容的目的是保持自尊和个人价值。换句话说，人们在网络上分享内容是为了提升自我。

你可以很容易地在婚恋网站上发现人们为了提升自我而分享的一些言过其实的信息。在这些网站上，人们展示的不是真实的自我，而是他们想要成为的人。美国和英国近期发布的一项很有趣的研究表明，婚恋网站上的男性用户最容易夸大的就是他们的工作，而女性用户最喜欢将自己的体重说得比实际轻。

所以，你的朋友不一定是想让你产生嫉妒之心，他们只是不甘落后于人而已。你的朋友发布去国外徒步旅行时拍的照片，只是为了让他们自己感觉良好，而非想让你感觉不快，虽然这种行为会有意无意地让你感到嫉妒。知道自己认识的人无法享有与自己同样的机会可以提升自尊感。

人们可以从积极的反馈中提升自尊感。这在社交媒体上通常意味着得到一个“赞”、一个积极的“评论”或者“分享”（不同的社交媒体或许有不同的说法）。这些都是获得认可的信号。当一个人分享的内容有人评论时，他 / 她的自尊感就提升了。在社交网络上分享的内容得到认可，类似于别人鼓励性地拍了拍你的后背或者对你说一声“谢谢你”。这会让内容的分享者自我感觉良好。

> **获得认可的信号**
>
> 人们想要他人赞同其所分享的信息的倾向。

年轻人比年长的群体更倾向于使用“获得认可的信号”。一些研究通过观察青少年使用社交网络的行为发现了青少年的与众不同之处——青少年会在 Facebook 上发帖或分享某些内容，发布之后就会不断地查看帖子，看看有多少人对其发布的内容进行了回应。经过一定的时间，如果关于发布内容的“赞”和“分享”过少，他们就会删除内容。有时这仅仅发生在 10 分钟之内！他们发布内容的目的是想让其分享的内容获得认可，进而提升自我。如果认可度不足，他们宁愿将内容删除也不愿承受可能不被别人认可的挫败感。发布了内容却无人回应，会给他们的自尊心带来消极影响。

成员资格线索对于营销的重要性

一项关于哥特次文化的研究结果让人担忧。研究者发现，哥特人的自伤和自杀行为的发生率高于正常水平。但这与哥特次文化本身没有关系，而是因为已有自伤或自杀倾向的人更有可能加入这个次文化群，因为他们认为哥特人喜欢自伤甚至自杀。这就变成了一个自证预言——随着更多有自伤或自杀倾向的人加入哥特次文化群，未来加入这个文化群体的有此倾向的人便会越来越多。

哥特人的外表很有特点，穿黑色衣服，涂黑色指甲油，面色苍白。哥特

人希望自己看上去有种病态的感觉。正如社会上的其他群体一样，哥特次文化群的成员也因同样的价值观、信仰和兴趣而联结在一起。

颓废派的人留络腮胡子，体育爱好者穿相同颜色的队服，冲浪者穿沙滩裤。这是为什么？因为人们都有归属于某个群体的倾向。各个社会群体有自己的衣服和配饰，穿上这样的衣服，戴上这样的配饰就等于向其他人表明了自己认同并归属于这个群体。通常情况下，我们依据某个群体的理念和价值观来选择是否归属于这个群体。如果我们天生忧郁，认为过了 30 岁的人生就不值得过、穿着与众不同的衣裳是件好事，我们就可能觉得哥特文化很有吸引力。

> **成员资格线索**
>
> 人们倾向于与他人分享信息以使自己在群体中的成员身份合法化。

人们想要表达自己是谁，想向他人传达自己选择归属于某一个群体，这种愿望叫作“成员资格线索”。哥特人着黑色服饰就是为了向他人表示自己归属于哥特次文化群。

成员资格线索的重要性在于，营销人员可以借此洞察他们营销的受众有可能分享哪种类型的内容。哥特式的交流可能围绕哥特音乐、哥特式服饰或其他哥特人感兴趣的东西进行。哥特人在与人交流时用成员资格线索来表明自己与他人具有相同的成员身份。哥特次文化群的成员分享具有哥特文化性质的图片，可以表明他们对于这个文化群体的忠诚和归属，这与他们穿黑色服饰的道理是一样的。

分享不仅关乎兴趣还关乎价值体系

冲浪是澳大利亚文化的一部分，冲浪者最看重的就是完美的浪头了。澳大利亚冲浪品牌极速骑板（Quiksilver）希望通过将自由和冲浪文化的特有风格与一个特定地点相结合的方式对目标受众产生吸引力。这个特定的地点，它们没有选择海滩，而是选择了一个城市的里面。

视频广告开始时，一群年轻人在街上走，其中一个人胳膊下夹着一个冲浪板。视频分辨率很低，播放时画面抖动，这是商家故意制造出的效果，让观众以为是某个人用手机偶然拍到的。这群年轻人路上偶遇一个城市池塘，上面有一座桥。那个带冲浪板的年轻人从包中取出冲浪板，奔向池塘。当他登上冲浪板在池塘上“冲浪”时，其他的人开始过桥。他们过桥过到一半时，有人拿出一捆炸药。其中一人点着了炸药，然后扔到池塘里，水面瞬间出现了六英尺[①]高的大浪头，那个脚踏冲浪板的人乘势而起。朋友们欢呼着、叫喊着，朋克音乐随之响起。

这个短片立即引起了冲浪爱好者的共鸣，迅速传播开来。视频十分炫酷，同时也引发了人们对于其真实性的争论。当然，视频并非真实，但是这并不妨碍人们去思考是否能通过爆炸这种方法弄出大浪头来冲浪。

极速骑板这个短片之所以被分享，其中一个原因是它为人们提供了一个

① 1 英尺≈ 0.305 米。——译者注

颇为有趣的话题。但是，短片之所以如同病毒一样传播开来，还有一个更重要的原因。短片让那些冲浪爱好者实现了自我提升。人们分享这部短片，向其他冲浪爱好者传达了他们的价值观和理念，表明自己也是冲浪群体的一员。短片就是一个成员资格线索，冲浪者以此来表明对群体的忠诚。

我年轻时在欧洲住过一段时间，冬天在奥地利滑雪场工作，夏天在酒吧当服务生。我在欧洲多个城市待过，其中一个便是慕尼黑。德国海岸线不长，慕尼黑在欧洲的城市中离海洋算是远的了。但是这个城市也有一些冲浪爱好者，这里还有欧洲最富特色的冲浪胜地——艾斯巴赫（Eisbach）。在城市的内部，从隧道中流过的河水卷起的浪头，给冲浪者提供了绝妙的河水冲浪体验。浪头虽没有海浪大，有时又很冷，也没有沙滩，但世界各地的冲浪者还是热衷于此，因为这是世界上独一无二的可以在城市里冲浪的地方。

慕尼黑的艾斯巴赫如此受欢迎，说明了冲浪文化中很重要的一点——冲浪文化，可不仅仅是冲大浪。冲浪者会花很多时间谈论冲浪的地点——你冲浪的地点越独特，你所赢得的信任和尊重就越多。这就像赢得荣誉勋章一样。冲浪文化，不仅关乎冲浪运动本身，也关乎自由。冲浪爱好者相知相惜，不只是出于对冲浪运动的热爱，也是出于对于冲浪文化的热爱。

极速骑板的短片，是发生在特殊场景下的普通事件。相同的价值观和理念将人们联结在一起，人们用符合这些价值观和理念的信息来提示他人自己对于群体的归属。冲浪者通过分享极速骑板的短片向其他冲浪者传递出了冲浪文化相关的价值观和理念，以此来证明自己是一个真正的冲浪爱好者。

在 2013 年，还有一张照片在冲浪爱好者中广为传播——照片中是一名冲浪者在“乘风破浪”。这张照片是在爪哇岛拍摄的，爪哇岛是印度尼西亚一个标志性的冲浪胜地。对于冲浪广告而言，这是一个普通的场景，但是这张照片却有个不同之处。海水中的垃圾清晰可见——与整个环境不相称的食品包装袋和其他有机材料漂浮着。湛蓝的天空下，大海卷起美丽的浪花，一切都是那么完美；然而，大海的污染太严重了，与美景形成了鲜明对比。如果你是冲浪爱好者，你就会了解海洋的生态环境对于冲浪者而言是多么重要。这张照片具有很大的分享价值，因为它可以让冲浪爱好者向他人传递成员资格线索，表达他们对于冲浪胜地环境的担忧。极速骑板的污染广告和其他典型的冲浪广告唯一的区别就是污染物的存在。一张典型的冲浪者劈波斩浪的图片可能永远不会广泛传播，因为这仅与冲浪者的兴趣有关，却不会触及他们的核心价值体系。当某些事物不仅关乎人们的兴趣，而且关乎人们的价值体系的时候，人们就会去分享这些事物。

分享动机的多样性

人们通过分享内容以达到自我提升的目的。一个摩托车爱好者可能分享好玩的摩托车的图片，一个冲浪者可能分享冲浪的视频，一个环保人士可能分享污染的图片。人们分享的目的是向他人传达关于自己的一些事情。所有基于自我提升动机的分享行为都以此为目的。但每个人向他人传达关于自己信息的动机都不同。一位中年摩托车爱好者与朋友分享摩托车的图片，隐含的信息就是他内心依然年轻，不愿与岁月一同老去。冲浪者分享冲浪视频是为了提醒他的同行们，自己具有冲浪的技能和经验。环保人士分享污染的图片或许是为了声援即将到来的抗议活

> **印象管理**
>
> 人们倾向于与他人分享信息，以此向他人展示自己的性格特点。

动。人们分享某些事物，不仅是为了传达关于自身的信息，也是为了塑造自己在他人心中留下的印象，这就叫作“印象管理”。

每当我看到 Facebook 上某张图片被分享了几千次时，我就会琢磨这背后的原因。通常情况下，这些原因是很容易被发现的——图片要么很有趣（情感），要么是以一个有趣的视角来解读当下热点事件（关联）。但是，有一张图片却让我感到疑惑。图片类似于漫画，但是并不有趣。图片分为两部分，上方和下方的图片大同小异。上面的图片中，三个人在拉一根绳子，绳子的另一端是一个庞然大物，就像古埃及的劳工搬运巨石筑造金字塔一样。庞然大物的上面是一个人，坐在桌边指挥那三个人，让他们拉绳子更用力一些。庞然大物上写着“工作”，桌子上写着“老板”。

下面的图看上去跟上图差不多，只不过在庞然大物上没有桌子和老板。相反，拉绳子的人前面还站着一个人，也在跟这几个人一起拉绳子。一个箭头指向这个人，上面写着“领导”。

图片传递的信息是，老板未必是领导，领导力是通过带领员工前进而非指挥员工体现出来的。很明显，对于那些有上进心的员工来说，这是一个极好的观点。分享这类图片最明显的一个理由就是向他人展示你的智慧和才干，或者表明自己是做领导的材料。但这些都不能解释这张图片为什么能广泛传播，因为这并不是人们通常在 Facebook 上分享的那种图片。这让我疑惑了很久。后来，我研究了一下 20 岁左右的年轻人身上发生的有趣现象，才解决了这个难题。

“数字原住民”是随着互联网的发展成长起来的年轻人，也就是 20 世纪 90 年代出生的人。这群人中的很多都是在第二代互联网时期长大的，现在才 20 岁左右。当聚友网（MySpace）成为一个较为成熟的社交平台时，这些人大概五岁左右；当 Facebook 开始流行的时候，这些人约 10 岁。我称这些人为“社交原住民”。对于这些人而言，在数字设备上使用社交工具不再是新鲜事——对于他们来说，通过数字网络进行社交是再寻常不过的事了。

> **数字原住民**
>
> 出生于 20 世纪 90 年代早期，了解互联网的一代人。

> **社交原住民**
>
> 出生于 20 世纪 90 年代早期，长期浸淫于网络社交媒体的一代人。

相比于那些对旧时代还有些记忆的前辈们，数字原住民对 Facebook 和 Twitter 这种面向大众的媒体平台的看法略有不同。他们清楚地认识到一个事实，即主流社交媒体平台是公共场所，类似于城市广场。这是一个中间地带，他们既可以在社交平台上与朋友联络，也可以和同事、家人联络。社交平台与城市广场一样，都容不得恶作剧。你得打扮得神采奕奕的，以最佳面貌出现在 Facebook 上。如果你想放浪形骸、找找乐子，那你就要去比较私人的地方了。数字原住民将狂野的聚会自拍和其他恶搞的东西放在比较私人化的网络平台上，如“阅后即焚（Snapchat）”或“连我（Line）”上。在对这个年龄段的人进行了一番研究后，我发现很多数字原住民用 Facebook 来创造或维持自己清白、正面的形象。他们清楚，人们会使用 Facebook 等工具在网络上搜索其他人，来看看此人简历背后的真实面目。有些人也会以此方式了解潜在的雇员。数字原住民不会在隐私设置上花费心思。Facebook 就是向世界展示自己是多么了不起的工具。事实证明，那些分享“老板”图片的人全都是快毕业的大学生。这就是自我提升“印象管理”的典型案例。

人们自我感觉良好、用自我提升来培育幸福感是一种与生俱来的倾向。鉴于自我提升的动机是如此重要，我们在一些病毒式内容中也能见到它的踪影。对于营销人员来说，自我提升为品牌营销内容的分享开辟了道路，提供了良机。

如果你了解目标受众和他们的价值观、信仰以及他们关注的事物，那么围绕自我提升动机来创造值得分享的内容就不是难题了。自我提升动机通常基于群体的成员身份，这就是最好的切入点。一旦你掌握了目标受众的价值观和信仰，那么接下来只要通过成员资格线索、印象管理或获得认可的信号来取得目标受众的共鸣就可以了。

如何利用自我提升促进分享

人们提升自我有不同的方式和理由。在网络营销推广的初期，把握目标受众的自我提升动机是至关重要的一步。这不仅要了解目标受众的人口学特征，还要清楚他们的心理偏好——即他们的价值观和理念。通常情况下，人们关注什么、不关注什么并不是一目了然的。如果你不属于某个群体、不了解他们的文化，那么你就不得不好好研究一番了。

把握目标受众的价值观和理念的方式之一是倾听并观察他们的行为。看看他们经常去哪里。这并不是说在现实生活中要跟踪他们。最简单的方法是，你可以加入他们所在的 Facebook 群或者讨论组。当然，如果有预算的话，你也可以建个焦点小组。这样做的目的是弄清对于他们来说真正重要的东西、他们的理念以及他们真正在乎的东西。

正如我之前讨论冲浪文化时所讲到的，通常，表面现象未必重要，他们所属群体的文化才是他们真正关心的。冲浪者不会轻易分享某人冲浪的照片或视频——他们都冲浪，这样的分享简直乏善可陈。研究目标受众的时候，你不得不深入挖掘他们价值体系中的哪些东西维系着其所在的群体。

创造基于自我提升动机的值得分享的内容，第一步就是找到你的目标受众共有的核心价值观。一旦你知道你的目标受众在意的是什么，第二步便是设计一个驱使人们去分享内容的理由。正如本章所概述的，以自我提升为目标的分享有三个理由。

1. **成员资格线索**。一个群体是由共同的价值观和理念所维系的。如果你参加某群体的聚会，你就会发现群体成员共有的价值观和理念是什么——他们谈论的话题就能给你一些线索。摩托车俱乐部成员主要讨论关于骑摩托车的见闻，比如差点撞上小汽车的经历或是长距离冒险之旅。这就是成员资格线索——即群体成员认为重要的或是感兴趣的事情。人们在会话中使用成员资格线索来明确自己在群体中的成员身份，这就类似于看演出之前出示入场券。对于摩托车爱好者而言，成员资格线索可以是关于摩托车和汽车的行车记录仪录像，可以是骑摩托车旅行时独一无二的难忘瞬间，或是在摩托车运动方面获得的成就。如果你的目标受众是摩托车爱好者，那么这些中的任何一项都可以帮助他证明自己是如假包换的摩托车爱好者。
2. **印象管理**。人们分享某些内容，以此塑造自己给他人留下的印象。这些内容的用处在于，一个人不必自吹自擂，也不必直接说出可能让他人认为此人骄傲自大的言语，就可以影响他人的观点。能够让人们进行印象管理的内容，可以让人看到某个人身上具备大家推崇的性格特点。比如，一个中年人可能会分享一张私人订制的摩托车的图片，以此提醒他的同伴们他对自由的向往，他的不服老和他对青春的眷恋。值得注意的是，他分享的理由不一定是为了让同伴们夸赞他的摩托车有多么炫酷。
3. **获得认可的信号**。没有比获得他人的认可更妙的感觉了。当别人为你鼓掌，或被你逗乐，甚至只是在你后背上拍一下，你的自尊感就会大增。在社交媒体上就表现为“赞”“转发”或是“顶”（不同的社交媒体平台有不同的说法）。当人们以此为动机进行分享时，他们就是在寻求他人的认可。获得认可的信号可以包括：最近买的东西、最近在运动或者生活上取得的成就，或是一些滑稽的情景。

第 3 章

把握受众情感

特雷弗是我的妹夫。我第一次见他时，他是一个在伦敦开出租车的司机。他是在伦敦东部出生并长大的，我们下班以后常在他的老宅子附近玩飞镖。我喜欢跟特雷弗一起泡酒吧，因为他总是有好玩的故事说给我听，这些故事配上他的伦敦腔就显得格外滑稽。比如，有一次特雷弗载了一个世界上最大的摇滚乐团的领唱。特雷弗说，这名歌手当时喝得烂醉，记不清自己住哪里了。最后终于到了他的旅馆，随后，特雷弗让这名歌手唱了一曲成名曲作为车费。

特雷弗当出租车司机时的经历十分有趣。然而，他还是改行了。

特雷弗的个性使之很容易交到朋友。他发现自己卖东西很有一套。此后几年的时间里，他做了几份销售工作，之后便在一个大型教育公司担任行政职务。这份工作薪水不错，工作内容主要是环游世界，与潜在客户接触。这是他梦寐以求的工作——他的航班不断升级，在异国他乡住的都是豪华酒店。直到某一天，这一切都改变了。

特雷弗被派去新西兰的克赖斯特彻奇与当地的客户接洽。但是可怕的事情发生了。当他急匆匆地穿过市场上拥挤的人群去见客户时，地震发生了。在错误的时间、错误的地点，特雷弗在逃生时差点被一幢倒塌的大楼砸到，不过他还是侥幸免于死伤。这是新西兰史上最大的自然灾害，夺去了 185 人的生命。特雷弗可谓死里逃生。

情感营销对分享的促进作用

如果你遇到过任何一个有过死里逃生经历的人，你就知道这种经历对他们的人生观有怎样的影响了。有这种经历的人，通常会改变很多，特雷弗也不例外。他逐渐产生了一种难以抑制的对自己生命的掌控欲，并花更多的时间和他在乎的人待在一起。特雷弗告诉我，他突然意识到，对他而言，家人重于一切，他想把更多的时间花在家人身上。让所有人惊讶的是，特雷弗辞去了他梦寐以求的工作，在海边的小镇买下了一个花店。

特雷弗接管花店不久，发现自己总是形单影只地守着无人问津的花店，他有些苦恼。他所做的决定对他产生了很大的影响。大多数花的名字他都不知道，他也不知道如何插花。更糟糕的是，他开始怀疑自己是否有经营生意的技能或知识。他用了两周的时间，勉强从网上了解了一些花艺知识，然后认为，最明智的决定便是雇用一个懂花艺的人。他在村子里问了一圈，终于找到当地一个有些经验并受过相关培训的年轻女人。她待顾客热情而和善，插花技术更是好得没话说。她给特雷弗带来了希望。

在雇用这个女人不久之后，特雷弗意识到他还有一个问题。这个问题更加棘手。有了精美的花束似乎并不够，因为镇里的所有人都从当地一个大型超市买花。特雷弗有些入不敷出了，他开始怀疑自己辞掉之前那份有稳定收入的工作是不是一个错误。他做梦都想让他的花店有些起色，他知道，他不得不找到方法来扭转这个局面。

一天晚上，在哄女儿入睡之后，特雷弗拿了一瓶啤酒，坐在走廊里，呆呆地望着眼前的黑暗。他开始思忖如何才能让花店生意红火起来。几个小时过去了，他刚要回屋的时候，注意到一辆红色的小货车沿着他附近的街道缓缓行驶，然后停在了他邻居房子的外面。一个小伙子从车上一跃而下，手里握着一束花向邻居的前门走去。他在门外驻足了好几分钟，最后按了门铃。屋子里灯亮了，邻居的女儿从门后走出来。她出了门，然后轻轻地将门关上。小伙子把花递给姑娘。她红着脸接过花，吻了他的脸颊。两人手拉手走向小货车。他为她打开门，自己跳上驾驶座位，然后开着小货车，慢慢地消失在夜色中。特雷弗想到了与妻子的第一次约会，于是会心一笑。

之后，他灵光乍现。

特雷弗突然意识到一件重要的事情——买花的意义并不在于这个行为本身。他认为，人们决定买花，一定是受了情感的驱使，在情感的作用下，从超市买来的花价格高低、花本身是否娇艳都不重要了。他想，这肯定错不了，因为幸福源自恋爱关系，而非某些物质，花的作用只是让人们感觉到他们是被人爱着的。他之前对于花的理解有误——买花并非关于购买，而是关于给予。

为了验证这个理论，特雷弗精心设计了一个小实验。母亲节快到了，他买了一块广告牌，放在了店外的人行道旁，将两条信息交替着写在广告牌上。某一天广告牌上写的是："母亲节到了。钱多钱少都能买到花。"设计这条信息是为了让人们想到买花的时候可能会省钱。这是以价格为核心的宣传。另外一天他就将信息改为："不是幸福的人才会感恩，而是感恩的人才会幸福。母亲节，送妈妈一束花吧！”设计这条信息是为了让人们想到他们在将花献给母亲时可能体会到的情感。这是以情感为核心的宣传。

> **贴士**
>
> 当人们注重一件事情的结果时，人们的决定更有可能取决于情感因素。当情感很强烈时，人们将会与他人分享。

在母亲节前的一个月内，两条信息持续不断地交替出现在广告牌上。母亲节一过，他便计算了每条信息出现时他分别卖出了多少花，并将结果进行比较。让他感到开心的是，当营销信息以情感为焦点时，他卖出的花比以价格为焦点时卖出的花多 30%。

特雷弗——一名开花店的伦敦司机，发现了一件极不寻常的事：人们做出某些决定，并非基于当下的情况，而是基于其预计的结果，当这些结果蕴含着强烈的情感因素时，就会强有力地驱使人们改变他们的行为。当广告词以情感为焦点时，就驱使人们想到了自己的母亲，以及母亲收到花时可能的反应。当广告词以价格为焦点时，就让人们仅仅想到此时此刻的情况和花束的价格。当人们注重一件事情的结果时，人们的决定更有可能取决于情感因素。当情感很强烈时，人们将会与他人分享。

情感对人们分享行为的影响

关于情感存在的范围有很多理论，但大多数理论都与罗伯特·普拉契克（Robert Plutchik）的理论大同小异，即人们（和动物）能够体验到的主要情感包括愉悦、信任、恐惧、惊讶、悲伤、厌恶、愤怒和期待。这些情感会掺杂到一起形成新的情感。比如，敬畏就是恐惧和惊讶混合在一起的结果。每一种情感都有不同的强度。极度的愉悦是狂喜，极度的惊讶就是惊喜。

实际上，因为不同的行动会带来不同的结果，不同的结果会让人产生不同的情感，所以我们总会花大量的时间以情感为中心组织我们的行为。举个最简单的例子，我们在餐馆是否点甜品一般决定于我们的饥饿程度或甜品的价格。但是在这些基本的思维过程背后，是我们对于决定可能产生的情感的一种评估。人们不仅会考虑他们此时此刻的饥饿程度，也会考虑如果他们不吃东西，之后会有多饿或多虚弱。如果人们料到自己在食用甜品后会感到愧疚和悲伤，那么这种情感就可能让他们做出不点甜品的决定。为了填饱肚子，他们不会点甜品，而是会选择一些更加健康的食品。但是如果他们预见的是愉悦感而非罪恶感，那么他们很可能会点甜品。

> **普拉契克理论**
>
> 罗伯特·普拉契克教授认为，人们能够体验到的情感包括愉悦、信任、恐惧、惊讶、悲伤、厌恶、愤怒和期待。人们感受到的其他情感是这几种情感组合的结果。

基于情感做出决定的有趣之处在于，人们会猜测某种经历可能会给他们带来的情感体验，并在这种经历实际发生之前体会到这些情感。如果某人认为自己吃过甜品后会感到愧疚，那么此人在吃甜品之前就开始有愧疚感了。或者如果人们认为在吃甜品之后会感到愉悦，那么他们就会满心欢喜地等待甜品上桌。有意思的是，因为有时人们会误判他们预计体验到的情感，因此会在事件发生之前体验到错误的情感。孩子在去看医生之前有时就会如此。即使医生治疗之后他们的身体状况会好转、感觉也会更好，他们还是会害怕医生可能会做出让他们在治疗之后感到痛苦的举动，因此在看医生之前就会感到极度焦虑。在看过医生之后，他们就会感到自己之前的焦虑完全没有必要。他们在看医生之前对于情感的预判就是错误的。

过去做出某些决定带来的情感体验也会影响现在是否决定做出类似行为。如果某人过去就能抵御吃甜品的欲望，并且为此感到自豪，那么下次当他们在面临同样的情况时也会做出不吃甜品的决定，因为他们想再一次体验自豪的感觉。回忆过去类似经历的情感体验会对人们的行为产生强大的影响。有时人们可能会预感到一系列相互矛盾的情感体验。某人在吃一份美味的甜品时可能会感到愉悦和安宁，在甜品上桌前会有期待的心情，在吃过甜品后会自我厌恶。根据普拉契克的理论，人们做决定时，往往会体验到不止一种情感。

所以，这又将如何影响人们做出是否分享某些内容的决定？

情感之所以能够影响人们分享的行为，原因在于人们不仅会预估某种经历可能给自己带来的情感体验，也会去预估其他人可能的情感体验。在我们讲笑话之前我们会预判对方是否会喜欢这个笑话，是否能感到愉悦并开怀大笑。如果我们认为自己的分享能得到他人的积极回应，那么我们就会分享。我们分享的内容让他人感觉很棒，感觉很棒时他们就会心存感激。当别人感觉不错时，我们自己也会很开心。

分享某些带有情感因素的内容时，预判他人的反应能够驱使我们进行分享。

为什么陌生人的微笑会让我们感觉良好

你有没有过这样的体验，走进一个房间，房间中的人们正在开怀大笑，此时的你也会心生欢喜？或者一个人冲你微笑时，你的感觉会变得很棒？情感是可以传染的——潜意识中我们的情感会被周围的人影响。

情感可以在人与人之间传递，也可以在不同的人群中传递。一个居民在大街上吵吵嚷嚷，整个社区都会为之愤怒；一位领袖发表了感人的演说后，一群人都会为之欢欣鼓舞。情感为什么可以传染？共同的情感之所以会传播，是因为这些情感可以加强人们彼此之间的联系和互动，能够大体满足人们归属群体这种根深蒂固的欲求。让他人喜欢自己的一种方法是拉近自己与他人之间的关系。情感能够巩固友谊，在大群体中，情感可以加强社会联系。人们倾向于模仿群体行为的另外一个原因是，他们想要隐藏自己的个性——大多数人都害怕被人视作异类，所以他们会接受群体的情感，融入群体，不当出头鸟。

情感传染

人们有被周围人的情绪所感染的倾向。

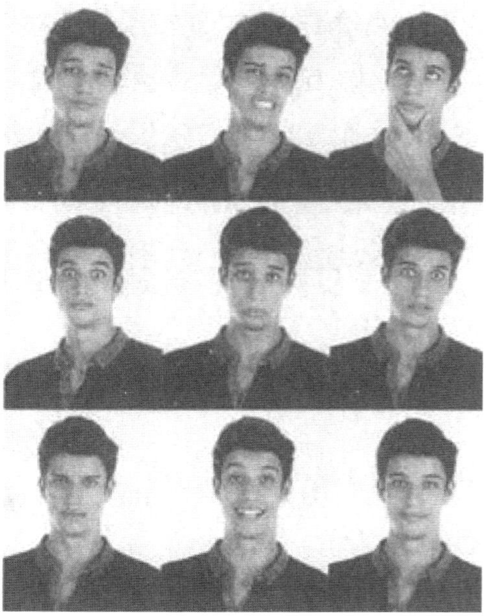

重要的是了解情感如何从视频广告传递到观众那里，因为人们要先被情感所感染，才会产生分享的动力。通常情况下，观众体会到的情感越强烈，他们就越有可能分享视频广告。但问题是，如何把视频中的情感带给观众？如果情感无法传递，那么即使在视频广告中加入再强烈的情感也无济于事。一个视频广告要想成功，就必须以强有力的方式影响观众，必须有效地将情感通过视频广告传递给观众。

有一种能够保证情感得到有效传播的方法叫作“情感传染法”。情感传染是指一个人的情感状态会被他人的情感状态所影响。视频广告中的最佳情感传染法是通过面部表情传递情感。

我们想了解面部表情对于情感从视频广告中传递给观众究竟多有效，于是就做了一个实验。我们随机将学生分为两组。我们给每一组学生看了一个相同的视频短剧，短剧中是一群把床单盖在头上的人，像鬼魂一般穿过一个大型公共图书馆，图书馆中的学生们都在学习。这个恶作剧显然引起了图书馆中人们的注意——一般人们不会料到会有人做出这种事。一些人开始微笑，另一些人则因恶作剧打扰了他们的阅读而露出厌恶的表情。

过了五分钟左右，三个打扮成“捉鬼敢死队”队员的人走进了图书馆，开始用像吸尘器一样的设备将“鬼魂”驱逐出去。这就进一步制造了骚动。图书馆中的人们有人被逗乐了，还有的人看上去心烦意乱。

实验中的每一组看的都是同样的恶作剧短片，只有一个主要的差别。在给其中的一组播放影片时，我们去掉了人们面部表情的特写。我们提出了两个假设：其一，看到面部表情特写的观众应该比没有看到特写的观众有更强的情感体验；其二，那些看到面部表情特写的人会比没看到的更有可能分享这部短片（因为他们受到的情感影响会更大）。

之后我们分析了结果的数据，没有看过面部表情特写的被试人中，9% 的人分享了视频。相比之下，看过面部表情特写的被试人中，64% 的人分享了视频。我们证实了先前的假设：面部表情能够传递情感，情感的力量可以促使人们分享。

面部表情对情感传染的影响

《安静广场上戏剧性的惊人一幕》是比利时电视频道 TNT 的一个视频广告。这个视频十分火爆，分享超过 400 万次。在这个视频中，安静的城市广场中间有个很大的红色按钮，上面有一块标识牌写着“按下按钮，好戏在后头”。路人都盯着这个按钮，但是没有人敢按下它。最后，一个骑自行车的男子停下了，鼓起勇气按下了按钮。突然，汽笛响了，戏剧性的一幕开始了。

> **爆红内容**
>
> 分享超过 100 万次或浏览超过 500 万次的图片、视频或观点。

事件围绕着将一位伤者转移到医院的情景展开。伤者从救护车的后部摔下来，接着，一个骑自行车的人撞到了救护车的车门，之后与救护人员打了起来。一辆黑色轿车紧急刹车，坏人们从车上跳下来，开始了一场枪战。一个穿着内衣的女子骑摩托车匆匆驶过。所有的一切都发生在两分钟以内。

这个广告传递了几种情感，包括惊讶、开心、厌恶和恐惧，这些情感都是通过广场上正在目睹这一幕的人的面部表情传递的。这个广告说明了如何传递很多不同的情感。保罗·埃克曼（Paul Ekman）的研究表明，人们能够从面部表情中识别出七种主要情感，包括愤怒、厌恶、悲伤、恐惧、高兴、惊讶和鄙夷。有趣的是，他发现无论是什么人，无论他们从哪里来，在体验这些情感的过程中都会做出同样的表情。他甚至发现先天性盲人也会有相同的表情。

视频一幕一幕地上演救护车的故事，并刻画了广场上观众的表情。重要的其实是人们面部表情变换的时间节点。正如很多病毒式广告一样，这则视频也是一幕接着一幕播放的。每一幕中都有不同的情感因素。每一幕播放后，都有一个面部表情来强化视频中体现的情感。当病人从救护车的后部摔下来时，视频中的观众流露出厌恶的神情。当持枪的坏蛋出场时，观众流露出恐惧的神色。视频短剧和观众表情之间的切换制造了情感的传递。

面部表情是通用的身体语言，人们能够丝毫不差地以此察觉他人的情感。正因为人们易被周围人的情感所影响，所以情感传染才能够奏效。

语言黯然失色的地方，音乐会大放异彩

鲍勃·马利（Bob Marley）有一句话颇为有名："音乐的好处在于，当它击中你时，你感觉不到疼痛。"

音乐是文化和社会生活中的重要力量，对此大部分人都没有异议——我觉得我似乎还没碰到过不喜欢音乐的人。广告中也有配乐，在广受好评的广告中，音乐几乎是必需的。在一些视频广告中，音乐是体现广告特色的重要元素之一，故事往往通过歌词讲述。在其他的视频广告中，音乐充当背景元素。音乐能够将视频中体现的强烈情感传递给观众，所以，无论音乐以何种方式出现，它对于广告能否大获成功都具有十分重要的意义。

鲍勃·马利所说的"击中"是指听到音乐后产生的一种强烈的情感反应。但是即便经过了数十年的实验，对于音乐为何会对人们产生如此之深的影响，科学家们依然各执一词。有些科学家认为，我们为音乐所吸引是后天习得的，我们幼年时代母亲口中的哼唱吟哦标志着这个过程的开始。其他科学家则认为，我们能够享受音乐是一种生物本能。有趣的是，神经系统科学

家拿出了支持后一种结论的证据。他们发现当人们听音乐时，人脑包括脑干在内的一些区域会被激活。人脑中的这些区域通常情况下只在生物本能行为发生时才会被激活，比如吃饭。这些科学家同时发现，当人们聆听自己喜欢的音乐时，大脑会分泌多巴胺。

如果欣赏音乐是人们与生俱来的本能，那么这就奇怪了。只有当人们为了生存做出必要的行为，如吃饭、睡觉和生育时，大脑才会分泌多巴胺这种化学物质。而正常情况下，你是不会认为音乐是人类生存的必需品的。这正是让科学家们疑惑不解的地方——音乐对于我们的身心健康似乎有着十分重要的作用，但科学家们却不知为何如此。

有一个研究或许能够解开这个谜团。萨拉·厄普（Sarah Earp）和她的同事发现，处于繁殖期的雌鸟听到雄鸟的鸣叫时，脑中的奖赏系统会被激活；但当它们听到其他雌鸟的鸣叫时，脑中与不愉快相关的区域会被激活。很明显，无论是鸟鸣还是音乐，都能够激活大脑中的部分区域，这些区域与奖励和生殖方面的进化机制相关。厄普的研究表明，早期人类可能使用音乐来吸引异性，以达到繁衍后代的目的。由此说来，音乐对于人类繁衍生息确实有重要的作用。这是一个有趣的理论，能够解释音乐为何独具魅力。

作为营销人员，我们关心的是如何利用音乐的魅力来驱使人们分享。我们知道情绪和分享有关——情绪越强烈，分享的可能性就越大。我们感兴趣的是如何使用音乐来创造或者强化强烈的情感，让人们心甘情愿地去分享。

所以，首先，让我们来看看音乐如何制造情绪。

我们所知道的是，音乐中不同的结构特征能够制造不同的情绪，这些结构特征包括节拍、音高、音阶和节奏。每一种结构特征都能影响音乐唤起的情绪。

节拍是音乐播放时的速度，对情绪的唤起有作用。情感能够唤起人的生理反应。如果你的心跳速度快于正常情况，这就说明你的情感被唤起了。人们通常将快节奏的音乐与高强度情感唤起联系在一起，比如狂喜和愤怒。如果这是电影中预设的情感，那么你就应该使用快节奏的音乐。反之，慢节奏的音乐通常与低强度情感唤起相关，比如宁静和悲伤。

音乐中的音高是指一首歌音调的高低起伏。沉音与严肃、悲伤的情感有关，高音与诙谐、愉悦的情感相关。

大音阶和小音阶是能够影响情绪激发的又一因素。音乐中的大音阶通常与愉悦的情绪相关，小音阶通常与悲伤的情绪相关。

音乐节奏是指把一段无序的节拍流组合成不同的模式，对长短不同、经常重复的不同部分的整合。当节奏平缓时，被激活的情感往往是积极、快乐和平静的。节奏粗犷强烈时，被激发的情感往往与不安相关。当节奏不规则时，情感往往是狂喜的。

其他人们所知的能够激发某种情绪反应的音乐结构特征包括能让人泪流满面的倚音、让人浑身颤抖的和声，以及能直接让人心跳加速的切分音。

将音乐与影片中需要营造的情感氛围相匹配是非常重要的，但影片的播放是动态的，所以这并非易事。当你因为一首歌的歌词而选择这首歌作为配乐时，用音乐来营造情感氛围就更加困难了，因为观众心目中原有的节拍、音高和音阶可能与故事线索体现的情绪不相吻合。如果你试图制造兴奋和敬畏的情感，那么采用慢节奏的音乐可能会事与愿违。将音乐的结构特征和影片的主题相匹配，对于强化你想要营造的情感氛围来说至关重要。

百威啤酒在为2014年的美国“超级碗”节目制作《死党》这则广告时就面临这个难题。这则广告火爆异常，被分享了250万次。广告讲述了这样一个故事：一个农夫在去镇子的途中把他的小狗弄丢了，小狗历尽艰辛，最后回到了农场。为了强调小狗和农夫之间的情感联系，广告使用了凯尔特流行乐队“宣告者（The Proclaimers）”的歌曲《500英里》（*500 miles*）。很明显，歌词与讲述的故事十分相配，歌曲本身又广为人知、具有感染力。问题是，原曲的风格欢快，但是广告的主题和情绪渲染却是悲伤而失落的。为了弥合这种差异，百威啤酒改编了这首歌，请其他歌手来演唱，减慢节拍，使节奏趋于平缓，强调小三和弦。这种改编与广告的风格相符，成功地营造并加强了预想中的情感氛围。

用音乐唤起人们的情感和记忆

你有没有这样的体验：录音机上播放了一首你很久都没有听的歌，这首歌让你穿越到往昔，于是你脸上露出微笑，不知不觉陷入怀旧的梦幻中。很可能是这首歌唤醒了你被尘封的深刻记忆，让你产生了强烈的情感回应。你在策划一则视频广告时也很希望达到这样的效果，借此让广告广泛传播。

对于过去某些重要事件的记忆往往伴有强烈的情感因素。问题是，每个人都有不同的记忆，所以很难从相同的记忆中唤起相同的情感。然而，有一种方法可以解决这个问题——利用人们对于青春的记忆。

大部分人到了一定年纪，都希望重返青春，对他们而言，关于青春的记忆有不同寻常的意义。对于营销人员而言，适当地利用这些记忆会产生惊人的效果，因为这些记忆往往伴随着强烈而积极的情感。能够唤醒记忆的最佳途径是音乐。

音乐能够相对容易地唤起人们的记忆和怀旧情愫。大部分人，随着年龄逐渐变大，在某一个时间节点上都不会再听新曲子了，而是会继续听他们人生中某个特定阶段曾经听过的音乐——一般情况下是他们 29~35 岁左右时听的音乐。过了这个年龄段，人们听的曲子往往就比较固定了。

怀旧歌曲并不能唤起特定的记忆，但是被唤起的记忆往往有着类似的性质。比如，有人在 40 岁左右时听尼尔瓦纳（Nirvana）的歌曲《闻起来像少年的味道》（*Smells Like Teen Spirit*）会回忆起大学宿舍、聚会和熬夜学习的场景，而不会想起他们听到这首歌时的情形。怀旧音乐能够完美地唤起情感，因为每个人都有关于青春的记忆，即使记忆的细节会有所不同。

> **记忆痕迹**
>
> 脑细胞可能形成记忆的结构变化。

如果你已经有目标受众了，那么唤起他们怀旧的记忆就很简单了，可以采用一首他们在快 30 岁时听过的歌曲。然而，在决定采用较新的歌曲之前你得好好考虑，因为歌曲未必能够制造情绪，有时甚至不会唤起任何有意义的记忆。这是因为人们每次听一支曲子时，这支曲子都会留下一个“记忆痕迹”，即人们听到这支曲子时的记忆。对于当下较为流行的音乐，人们在一周之内通过不同的渠道听了很多遍以后，就会留下很多记忆痕迹。每一个新的记忆痕迹会覆盖已有的记忆痕迹，这就会弱化神经通路，并影响奖赏系统发挥作用，最终消解听音乐的乐趣，也就是说人们听到这支曲子之后再也没有心动的感觉了。或许，你有过不止一次“这不是我之前听的那支曲子了”的感受。正是由于淡化的记忆痕迹，在广告中使用流行音乐可能无法有效地唤起人们强烈的情感反应。

贴士

如果你已经有目标受众了，那么唤起他们怀旧的记忆就很简单了，可以采用一首他们在快 30 岁时听过的歌曲。

如果你的目标受众年纪尚轻，那么也可能有个问题，即你选取的怀旧歌曲并没有在受众心中留下深刻的印象，也无法唤起怀旧的情愫，因为他们还没到怀旧的年龄。解决记忆痕迹问题的一个方法是改变音乐的某些组成部分，保留基本的歌词和旋律。可以调整原曲的节拍、音高、音阶和节奏等以最大限度地适应故事的主题。百威啤酒的《死党》广告就是一个极好的例子。广告的主题是友谊、忠诚和爱（好哥们）。广告采用的配乐是凯尔特流行乐队“宣告者”的歌曲《500 英里》。就百威啤酒的目标市场而言，这个选择恰如其分——这首歌刚被传唱时，目标受众正当青春年少。然而，原曲风格明快，朗朗上口，让人禁不住翩翩起舞，而广告的主题却更显忧郁，所以原曲和广告本是不搭配的。但是，通过减慢节拍，让节奏趋于平缓，强调小三和弦，这首歌就变得不同了，能够创造新的神经通路，但是人们听起来又觉得很熟悉，能够通过歌词忆及往昔。

深刻的记忆往往能够唤起强烈的情感。当你制作一个视频广告，想让它红遍大江南北时，那么就一定要不断放大情感因素，因为这与人们是否愿意分享这则广告息息相关。人们珍视青春的回忆，所以关于旧日的记忆往往伴有强烈的情感。利用这些情感的最佳方式就是音乐。

轻松的宣传手段也许更有效

愉悦会改变你的行为吗？公益广告《蠢蠢的死法》告诉你，会。

《蠢蠢的死法》这则广告很火，迄今为止已被分享了 500 万次。这是个相当不错的成绩，是病毒式营销的经典作品之一。澳大利亚墨尔本为宣传铁路安全而制作了这个公益广告。它不仅获得了广泛传播，而且成功降低了铁路列车和铁道上的死亡率。与铁路列车相关的重伤率降低了一半，侥幸免撞的数量降低了 30%。

视频其实是一个卡通短片，配有一首朗朗上口的歌。视频中，21 个可爱的角色不停地做蠢事，最后因此丧命。比如，有人在网上卖肾，有人在宇宙中摘下头盔，有人在狩猎季节打扮成麋鹿的样子。短剧幽默诙谐，音乐欢快而略带哀伤。广告的最后一幕是，有人站在地铁轨道的边缘，有人跨过铁轨跑到另外一个站台，还有人在平交道驾车绕过门栅。正如歌曲所表达的，这可能是最蠢的死法了！

《蠢蠢的死法》一改之前公益广告通常使用的恐惧策略，以幽默和欢乐的风格进行暗喻。没有人喜欢让别人告诉他们应该做什么，不该做什么；因为人们会认为骇人的事并不会发生在自己身上，所以吓唬人的手段通常是无效的。通过消除人们的偏见和先入为主的观念，用暗喻给人警示是一种可以改变人们想法的有效手段。

学会利用混合情绪的力量

你有没有过这样的经历？当你意识到自己的钱包或手机不在原来的地方时，此刻的你是不是感到心慌意乱？可能的情况是，你拍了拍后兜，感觉钱包或手机好像没在里面，然后你又在包里摸索了一会儿，还是没找到。后来你找到了，发现只是放在了别的地方，然后长长地舒了一口气。

回想一下你体验过的感觉吧。可能的情况是，你的身体因为惊慌而猛地一颤，那感觉就像是心脏停跳了一下，之后你开始脸红，而后你因释然而感到愉悦。你所经历的是截然不同的情绪之间的快速转换。当你意识到手机或钱包不见了时，你会感到恐惧。但当你知道它们并没有丢失时，这种恐惧的情绪很快为开心的情绪所替代。情绪的混合触发了“生理激发机制”，这种机制能够激活人们分享的动机。

> **生理激发**
>
> 情绪性事件所引起的心跳加速和血压升高。

试想，如果你的情绪是实际存在的物体，你将它们依次排开，最消极的情绪在一端，最积极的情绪在另一端。中间的情绪是零情绪（冷漠）。害怕和厌恶等所有的消极情绪都在左边，愉悦和爱慕等所有的积极情绪在右边。这就叫作“情绪连续体”（见图 3-1）。

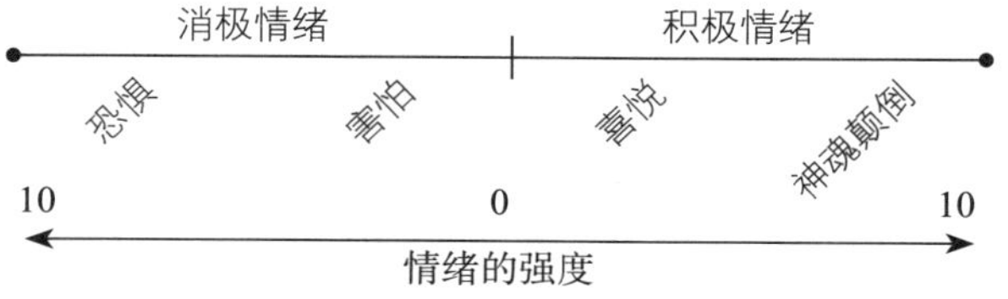

图 3-1　情绪强度连续体

情绪连续体中任何两种情绪之间的距离表示两种情绪之间的差异。差别最大的情绪莫过于其中一端表示的最为消极的情绪和另一端表示的最为积极的情绪了。连续体上两种情绪之间的差异越大，激发的生理反应就会越强烈，分享的可能性就越大。

> **情绪连续体**
>
> 理论上的情绪线条，一端是最消极的情绪，另一端是最积极的情绪。

为了有效激发生理层面的反应，必须迅速地在两种相反的情绪之间转换。比如你在玩轮盘赌，你在红色数字 10 上下注 20 美元。如果你很有钱，那么 20 美元对你而言根本不算什么。如果你赌赢了，那么你的情绪状态就会由之前的毫不在乎转化为赢钱带来的快感。但是这并不会激发你的生理反应，因为这两种情绪在连续体上的距离很小，并没有发生消极情绪和积极情绪之间的快速转化。

但是试想一下，如果这 20 美元是你仅有的财产，输掉赌局意味着你没钱吃饭，只能露宿街头。如果你赢了赌局，那么你所能体验到的生理反应就会强烈得多，因为你的情绪从对于失败的惧怕迅速转化为赢钱的快感。在情绪连续体的直线上，害怕和愉悦之间的距离很远，几乎是直线的两端了。结果就是，你很有可能因为赢得赌局而体验到强烈的情绪反应，比如愉快和兴奋。

情绪之间的变化贵在速度。如果不同情绪的变化十分缓慢，那么能激发的生理反应就会大打折扣。试想，一天早上你去上班，然后得知公司裁员，突然间你就被解雇了。前一分钟还有工作，后一分钟就开始恐惧失业，这种震动无疑是巨大的。然而，如果你之前就听说了关于裁员的新闻报道，并且听同事说你有可能被解雇，那么当你真的被解雇时，你的压力就小多了，因为情绪之间的变化是渐进性的。

非营利组织“拯救儿童”制作了一则广泛传播的广告，名字叫作《一天中最惊心的一秒》，这则广告就采用了混合情绪。视频被分享了100余万次。视频讲述了一个小女孩人生中令人记忆深刻的情景。每个情景都发生在一秒之内。女孩10岁左右。每一个情景都是我们每个人童年生活中可能出现的，比如过生日、和家人在一起、养宠物、与朋友玩耍。

小女孩的生活看上去是典型的西式生活，有电视机、音乐课和丰盛的食物。视频的这一部分，情感基调是有趣的、幸福的、开心的。

在广告进行到20秒左右的时候，观众逐渐明白，这个小女孩生活在一个即将爆发战乱的国家，视频的氛围急转直下。战火烧到小女孩的家，欢乐的画面为恐惧和悲伤的情形所取代。小女孩和她的家人被迫逃亡，他们挣扎求生、试图逃离战乱，一段时间后，小女孩最终因病住到了一所临时医院里。画面令人揪心，充满悲伤的色彩。

视频广告的第一幕，女孩身边的亲友们微笑着看她吹灭粉红生日蛋糕上的蜡烛。视频的最后一幕，她孤身一人在战地医院里吹灭一块面包上插着的一根蜡烛。仅仅用了一分半钟，观众就从女孩快乐的童年回忆被带到了对战争的恐惧和绝望中。

贴士

将不同的情绪相混合，能够制造更加强烈的生理反应，并赋予人们分享的动力。

《一天中最惊心的一秒》这则视频广告通过一系列一秒内发生的情形突出了情绪的快速转变。积极的情绪迅速变成了消极的情绪。广告在短短的一分半钟用几种截然不同的情绪讲述了一个相对复杂的故事，激发了人们强烈的情感反应。这样做不仅能让广告简洁而富有吸引力，同时也能驱使人们去分享。

如何完成从消极情绪到积极情绪的转变

《一天中最惊心的一秒》这则广告中，情绪连续体上的积极情绪转变为了消极情绪。非营利机构和慈善机构通常都会这样做，因为他们希望观众记住错误的事情会产生消极的结果。但是对于很多企业而言，让观众产生消极的情绪并非理想的选择。它们希望观众产生积极的情绪，因为它们希望人们能够从正面的角度评价它们的品牌。然而，问题是如何让消极情绪有效地转变为积极情绪。这似乎更加困难。

团购网站高朋网（Groupon）公司在 2011 年美式橄榄球“超级碗”赛事上播放了以某地区为题材的广告。引人注目的“超级碗”广告能够吸引数以百万计的眼球，其知名度不亚于赛事本身，因此广告商只有斥巨资才能买到一个广告位。很多广告在第一次播出之后在 YouTube 上仍然热度不减，能够继续获得上千乃至上百万的浏览量。遗憾的是，高朋网花费超过 300 万美元制作的广告，毫无可圈可点之处，几乎没有什么浏览量，也鲜有人分享。

广告开头很精彩，展示了某个壮美的地区以及该地区居民的生活和文化。旁白描述了这里的人们如何遭遇了生活的困境，这里的文化如何出现了危机。视频唤起了观众的同情和悲伤。

很快，视频的画面就切换到一位有名的喜剧演员身上，他坐在美国的餐馆里享用该地区的食物。这个演员对该地区的食物做出了幽默的评价，并说明他和他的朋友们是如何通过高朋网订餐的。

这则广告的问题在于以幽默的方式实现向积极情绪的转化本身就是错误的。在这个例子中，不同情绪之间的距离很远，转换很快，但是并没有激发促使人们进行分享的生理反应。原因在于，你无法轻易地用积极的情绪取代消极的情绪。这是因为在人们眼中，消极情绪的价值和力量比积极情绪更胜一筹，所以让人们从消极向积极转变比从积极向消极转变要更难。毕竟，让一个高兴的人变得不高兴比让一个不高兴的人变得高兴容易多了。

消极的情绪比积极的情绪更加根深蒂固，难以改变，所以高朋网的这一广告失败了。所以，究竟该如何制作一则能让消极情绪成功转变为积极情绪的广告呢？秘诀就是在消极的情绪中加入积极的情绪，让二者共生共存，而不是完全摒弃消极情绪。

《无名英雄》这则分享超过 100 万次的爆红广告完美地诠释了该如何做。这则广告是 2014 年由泰国人寿保险公司制作的。广告中的男主角一直在寻求善业，每天都坚持做其他人所不屑的善事。他注意到街上一根水管漏了，然后就把一盆快枯萎的植物搬到了水管下面，让植物能够淋到水。他看到街上一位老妇人正在费力地推食品车，于是便停下来帮助她。他吃午饭的时候，一只饥饿的流浪狗过来讨食，他将唯一的一块鸡肉给了它。他在街上碰到一对母女在乞讨，于是把所有的钱都给了她们。

他日复一日地重复着他的善举：帮助老妇人，喂小狗，将余钱给无家可归的母女。路人都认为他傻，频频冲他摇头。

被他帮助过的人对他的依赖感越来越强，他的善心开始让人质疑。但是，即便他的努力没有任何回报，随着对人们生存现状的绝望和悲伤越发深刻，他却越发慷慨。

戏剧性的一幕发生了，男主角有一天注意到，那个无家可归的女人身边的小女孩不见了，只有她一人在乞讨。他担心她的女儿是否遭遇了不测。忽然，拐角处传来了女孩叫妈妈的声音。那个女人的女儿出现了。眼前的她，穿着整洁的校服，手里还拿着一本书。他又看了看乞讨的女人，她逐渐露出了笑容。他捐给她的钱，她都攒起来供女儿上学了。

之后，他发现，他挪到水管子下面的那株植物已经苍翠欲滴、枝繁叶茂了。那位推食品车的老妇人也成了他的朋友。他喂过的小狗成了他的宠物。他发现他找到了善业。这并不是钱或者物质，而是幸福感。

这是一则动人的广告，成功地完成了消极情绪向积极情绪的转变。绝望和悲伤的情绪变成了幸福和希望。这个转变非常成功，因为绝望和悲伤等消极的情绪并没有减少或消失，而是被赋予了别样的感觉。在视频结束的时候，悲伤和绝望的感觉依然存在，但却不是仅有的情绪，观众看罢后会产生复杂的情感，开始时是消极的，结束时却是泪中带笑。

用情绪来改变行为

我婚礼的那天，父亲告诉我，以后万万不能质疑我妻子的选择，因为我就是她的选择之一。

这貌似玩笑话，实际却是很严肃的建议。父亲从多年的婚姻生活中总结出一条经验，即当我们想让对方按照我们而非他们自己的意思行事时，我们就容易指责对方。这在婚姻中是一种自私的行为，而且只会造成不必要的争论。如果你想要幸福的婚姻，那么就不得不接受其他人做事的方式。

人们想改变其他人的习惯和行为，希望他人按照自己的方式行事，这是十分普遍的现象。但是人们大多是不愿意改变的，这就是冲突产生的源头。但有时人们改变某种行为是有益无害的，比如当他们的行为置别人于危险之中或是给社会带来危害时。

酒驾就是大部分人想要改变的行为。很明显，没有人希望被醉酒的司机撞到。当某个行为成为社会问题时，政府就会制定法律来阻止人们这样做。如果这种行为已经根深蒂固，那么让人们改变行为就需要采取不同的策略。通常情况下，政府会采用“公益广告”这种手段来改变人们根深蒂固的行为和想法。

> **公益广告**
>
> 旨在改变社会中人们某些惯常的不良行为的广告。

公益广告的好处是，设计者的初衷是让每个人都能远离危险，即便一些社会成员不喜欢按照他人的指示做事。与之截然不同的是，一般的广告往往是鼓励消费的。具有反讽意味的是，比起让人们改变不良的行为，让他们花钱买东西要容易得多。

通过公益广告改变人们的行为之所以不易，根本原因在于人们都认为坏事都只会发生在别人身上，而不会发生在自己身上。尽管按照一般逻辑，每个人都有可能被公交车撞到，都有可能罹患疾病或是在某个时间受到死亡的威胁，但是人们并不觉得这些事情会发生在他们自己身上。

经过漫长的进化，我们的大脑已经形成了积极思考的倾向。如果一个人经常担心自己的安全问题，那可能就是不正常的，而且这样的人是不会幸福的。经常性的焦虑所导致的压力不仅让人心力交瘁，也不利于身体健康，甚至有可能让人早逝。所以，尽管人们在一般情况下有一定的警惕性，但是他们绝不会日夜惦记疾病或是死亡问题。正因如此，一些希望通过让人们害怕的方式改变人们行为的公益广告并不是十分有效。

人们并不认为可怕的事会发生在自己身上。公益广告对人产生影响的唯一条件是它能够改变人们的观念，因为影响人们行为的就是观念。人们自己的情绪并不会改变他们的观念。

改变人们观念的一种方法是让人们去思考他们认为重要的事情。对人们很重要的思想观念通常与情绪紧密相连。要让你的广告受众从自己的记忆中汲取情感，而非通过面部表情、音乐等方式感受到某种情绪。从有意义的记忆中汲取的情感能够改变人们的行为。

从记忆中汲取情感是一个内心发生变化的过程。这意味着让人们体验到某种情感的是他们自己的记忆，而非外界的刺激。当人们认为情感源于自身时，那么情感就会对人们的行为产生更加强烈的影响；如果人们认为情感来源于不受自己控制的外部事件，那么这种影响就没那么显著了。

从已有的记忆中激发情绪反应的一种方式是使用比喻。这样做能够让故事和语境相分离。这种方式之所以有用，是因为通常情况下是语境让人们产生带有偏见的预设，让人们误认为坏事不会发生在自己身上。酒驾的司机通常认为自己的驾驶技术高于别人，因此酒驾时肯定不会发生事故；吸烟者认为自己比别人都健康，凡此种种，不一而足。剥离了语境，人们就倾向于以更客观的态度对事情做出评价。

乔治·奥威尔（George Orwell）所作的《动物农场》（*Animal Farm*）是很多学校选定的读物，这本书就是通过比喻讲故事的经典之作。这本书如此受欢迎，可谓终极营销的典范（严格意义上应称其为“模因”，因为它是代代相传的信息）。这部作品讲述了农场的两头猪在猪头领（猪老少校）死后成为动物庄园的领导者的故事。这两头猪在猪老少校生前就领会了它的指导思想，并决定在它死后继续将这种思想发扬光大。猪老少校认为，应该赶走农场主，让动物们当家做主。这本书受欢迎的原因之一是，它驱使人们不受当事人的影响，对事件做出理性的判断。

模因

（a）代代相传的有用信息；

（b）在互联网上广泛传播的图片、文本、观念或是风格。

《打她》就是意大利的一个使用比喻来促使人们改变行为的爆红广告，被分享了200万余次。视频的导演告诉五个小男孩如何在一个美丽的女孩面前表现。首先，故事的叙述者问小男孩多大年纪，长大之后希望成为什么样的人。这些小男孩7到12岁不等，他们希望成为消防员、足球运动员、面包师、警察或是做披萨的师傅。之后一个美丽的女孩出现了，站在他们面前。叙述者问每一个男孩喜欢女孩的哪一点，然后将男孩的话告诉女孩。虽然场面十分尴尬，但每一个男孩都以自己的方式赞美了女孩。之后，导演让男孩们摸一下女孩。男孩子们羞涩地轻抚了女孩的头发和脸庞。导演又让男孩逗女孩笑，男孩们就冲女孩做鬼脸。

最后，导演让男孩打女孩一巴掌。

看得出来，男孩们被这个要求吓到了。他们表示不相信导演会真的让他们这样做，之后便坚决地拒绝了这个要求。他们脸上的微笑逐渐凝固，露出疑惑的表情。导演问男孩们为什么拒绝打女孩，男孩们解释说，打女孩是不对的，伤害女孩是错误的。男孩们想了想刚才发生的一幕，沉默了一会儿后，走近女孩身边，想要保护她。

这个视频突出了虐待妇女者的性格缺陷，以此强有力地传递出反对家庭暴力的主题思想。这个视频激发了人们强烈的情感，因为这些情感是从人们已有的记忆和信念中产生的。如果人们认为对妇女施暴没什么大不了的，那么这个视频不会让他们产生任何情绪反应。那些经历过家庭暴力的人可能会产生最强烈的情感，他们最有可能分享这个视频。

因为情感通常是在人们已有的信念系统内部产生的，所以视频广告更有可能改变社会成员的不良行为。如果施暴者即使知道对妇女施暴是错误的，还是这样做，那么由广告所唤起的愧疚和其他情感就会让他们正视这个问题，并促使他们改变行为或是寻求他人的帮助来改变这种行为。这则广告成功地通过触动人们的内心世界唤起了情感反应。发自内心的情感可以替代观众对影片本身产生的情感反应。

当人们遇到曾经发生过的某个情况时，他们就会想到上次遇到同样情况时的情绪。他们会由此判断如何应对这种情况。如果他们上次感到害怕，那么这次他们就会避免这种情况的发生。如果他们上次感到愉悦，那么他们就会积极面对。可以通过过去的情绪预测一个人会做出怎样的行为。

人们会基于自己的经历来预测其他人会如何应对某些情况。如果一个人认为某个事物很有趣，那么他会觉得其他人同样会认为这个事物有趣。当人们预判其他人可能产生的情绪，且这种情绪会给人们带来满足

感时，那么分享行为就会发生了。

如何利用情感

情感是视频广告是否能够广泛传播的关键。当视频广告能够以有意义的方式影响人们时，人们就有了分享广告的动机。情感越强烈，人们分享的可能性就越大。

当人们看视频时，他们会预判其他人看同样的视频时会产生怎样的情感。当人们想让其他人产生某些情感时，他们就会分享相关的内容。如果某事物很有趣，他们想让别人因此发笑，那么他们就会分享。

我们还应该关注情感的传递。如果你的视频广告主题宏大、富于创新，但是却没能有效地将其传递给观众，那么人们对于视频的情感反应将会大打折扣。一则无法在情感上强烈打动观众的广告是没有人分享的。

将情感从视频传递给观众可以采用以下三种方法。

1. **情感传染**。营销人员感兴趣的大部分情感都与面部表情相关。人们能够通过面部表情识别情感，这种能力令人叹为观止；人与人之间通过面部表情传递的情感极具传染性。用面部表情传递故事中情绪的最佳方式是在广告中通过一至两秒的画面展示人们对于某些事件的反应，这种反应通过面部表情来展现。时间因素对于渲染故事的情感氛围至关重要——视频暗示了某种情感，在画面切换或另一种情感出现之前，紧接着展示与这种情感相关的面部表情。因为面部表情多种多样，彼此之间的区别可能并不显著，因此有必要请训练有素的演员来模仿与故事情感氛围相关的表情。另外一种方法是在类似恶作剧一类的故事情节中让人们在毫无心理防备的情况下做出真实的面部表情。
2. **音乐**。音乐通过结构来制造情感。音乐结构的基本组成部分包括节拍、音高、音阶和节奏。更加高级的组成部分包括倚音、突然变化的和声和切分音。为视频选取的音乐一定要跟视频故事要渲染的情感氛围相符合。有时，一首歌的歌词对于视频而言恰到好处，但是结构却未必与故事的情感主线相吻合。在这种情况下，就要考虑按照需要对歌曲进行改编，让另外的歌手翻唱，以适应故事情节发展的需要。另外一个需要注意的是“记忆痕迹”。当人们通过多个渠道听到一首歌时，比如当下的一首流行歌曲，那么新的记忆痕迹对旧的记忆痕迹的覆盖可能弱化甚至消解听到这首歌时的愉悦心情，这就会使情感传递的有效性大大降低。

3. **自我唤起的情感**。另外一个传递情感的有效方法是通过记忆产生情感反应。某些记忆比其他记忆具有更多的情感因素，但是因为每个人都有不同的记忆，所以很难有效地利用强烈的情感触动特定的记忆。解决这个难题的方法是聚焦人们青春时期的记忆和怀旧情怀。相比于触动人们对于某个特别场景的记忆（比如我在朋友聚会上的情形），人们关于青春的记忆更具普遍性（比如某个时期的人们都穿着邋遢）。音乐可以唤起人们的怀旧情怀，因为人们在 29~35 岁左右时只对固定的几首曲子情有独钟。

用音乐来传递情感的另外一个好处是，自我唤起的情感更有可能改变人们的行为，因为这些情感能够促使人们重新审视自己的观点和信仰。正因如此，自我唤起的情感是公益广告的最佳策略选择。

第 4 章

制造期待，促进分享

试想生活中毫无惊喜。试想你能看得见未来，了解以后的生活。对于很多人来说，知道将来会发生什么事情、这些事情会在什么时候发生，终究会变得让人无法忍受。未知的事物能让人对生活保持兴趣和新鲜感。如果一切都是确定的，那么生活将会十分无聊，我们将失去活着的理由。

期待是人体对生活中不确定事情的反应。当一件将要来临的事情是好事时，比如假期，那么期待就成了渴望。如果人们并不期待某件事情的发生，那么这种感觉更像是惧怕或担心。无论期待是好是坏，这种感觉都和在实际发生的事件中人们所能感受到的其他情感一样强烈，有时甚至更加强烈。

为什么期待会促进人们分享

期待是人生的重要组成部分，正因如此，在病毒式视频和广告中都能发现它的痕迹。期待之所以会促进分享，是因为它能够对人们的身心产生影响。当人们的身心都处于警觉状态时，人们会更好交际，更想要与人分享一些有趣的信息。

回想一下你的人生经历，你可能差点出交通事故，或有过其他让你胆战心惊的经历。我敢说，在这种事发生之后，你恨不得把自己的经历讲给全世界的人听。那是因为你体内产生了大量的肾上腺素亟须释放。在经历创伤性事件的过程中，当期待很强烈时，也会有同样的生理机制被触发，让你的身体做好准备。

好事的发生也会让人们产生分享的动机。当你期待假期的到来，或者打算搬到一幢更好的公寓时，你会忍不住将这些消息分享给他人。原因是你的身心都处于兴奋的状态。

战斗还是逃跑

部分理论家将期待视作一种情感，但是期待本身与其他情感有些不同。第一个不同之处在于，期待发生在事件开始之前，而大部分其他情感通常发生在事件之后，或是对事件的反应。此外，期待持续的时间较长，而大部分其他情感持续的时间更短。最后，也是最为重要的一个差别是，期待经常产生强烈的生理反应，类似于原始的求生本能，比如战斗还是逃跑。

期待较为强烈时，警觉性也会提高。这种生理反应源于原始的求生本能。我们的祖先很早以前就知道，预料未来可能发生的事情能够提高他们活下来的可能性。试想穿过一片满是猎食者的森林，某个东西在任何时候都可能扑向你，让你成为它的午餐，而你却全然不知。如果你没做好防御（战斗）或是逃跑的准备，那么你活下来的可能性就太小了。

我们的身体之所以能够在事情发生之前就有所预期，是因为我们的机体本身并不能从一个放松的状态迅速进入到准备战斗或逃跑这种充满活力的状态，期待就类似一个预备状态。你可能看过一部自然纪录片，一只大型猫科动物偷偷接近一头小羚羊，羚羊却丝毫没有察觉，这只猎手在最后一刻对羚羊发动了突袭。袭击就发生在一瞬间，在几秒钟之内就完成了。如果动物处于放松的状态，并未注意到潜在的危险，那么它绝无生存的可能。逃脱死亡的唯一可能是在猎手袭击之前就在身体和心理上做好战斗或逃跑的准备。

经过漫长的进化过程，人体已经进行了自我调整，能随时做好应对危险的准备。

生理激发和精神警觉未必同时发生，二者能够独立发生。你坐在沙发上看电视，身体是放松的，但是在看电视纪录片的时候精神是保持警觉的。或者，你在体育馆的跑步机上运动，此时你的身体处于活跃状态，精神却飘忽游离，惦记着远方的事物。所以，在这里一定要指出的是，只有生理激发和精神警觉同时存在时，期待才会发生。

期待能够让身体做好两种准备。在遇到危险时，要么战斗，要么逃跑。两种反应都需要大量的能量。身体通过分泌肾上腺素做好准备，肾上腺素可以提高心率，为身心做出反应做准备。反应的一部分就是，肾上腺素可以让人们变得更健谈、更爱交际。当你有所期待时，你与他人交流、交际的冲动会更加强烈，你也会更加自信。这种生理反应让我们爱交际、爱分享。

人们为什么忍不住去看血腥和暴力

《酒吧厕所发生的惊人事件》是一则爆红广告，在我写下这些文字的时候，它在 YouTube 上的浏览量已经超过 1200 万。这是一则关于酒驾危险的公益广告。广告讲述了一个在酒吧厕所上演的恶作剧。人们进厕所方便过后，正在洗手时，突然一颗人头从他们后面飞过来，重重地撞到厕所的镜子上，就像在车祸中某个人撞到挡风玻璃上一样。这些人显然非常震惊，有人身体后倾，有人急忙向门的方向跑去。这则广告给人的感受与恐怖电影差不多——期待、些许害怕，或许还有些厌恶。通常情况下，我们认为那些传递积极情感的视频比传递消极情感的视频更容易被分享，因为人们倾向于分享积极正面的经历，而不想通过分享负面的情感让他人产生消极的感觉。然而，《酒吧厕所发生的惊人事件》却火了。这是为什么？

要了解人们为什么会分享让人心生期待和害怕的内容，我们需要知道这些情感产生的生物学基础。期待和害怕是相对强烈的情感，因此容易让人产生生理反应。这种生理反应具有两种不同的因素。第一个是唤醒，它会让身体发生变化，比如会加快心率、升高血压；第二个便是精神警觉，能够提高人的清醒和警惕程度。期待和害怕在不同的场景中强度不同。比如，害怕可能导致强烈的生理反应（惊恐）或者稍弱的生理反应（担忧）。期待和害怕的生理效应与大脑的几个区域有关，包括能够分泌多巴胺的多巴胺系统。坐过山车的人一开始可能感到害怕，但随后由于多巴胺的释放，他们又会感到兴奋异常。

病毒式内容通常能够让人产生强烈的情感反应，但是分享行为的发生往往与唤醒无关，而是精神警觉的缘故。能够提升人们清醒和警惕度的内容很有趣，不无聊，值得分享。人们愿意分享能够提升他人精神警觉度的事物，无论这些事物让人产生的感觉积极与否。

三种可以制造期待的情感：幽默、敬畏和紧张

期待是一个重要的分享动机，能够以不同的方式显现，最后产生相同的身心影响。期待可与其他的情感并存，尤其是幽默、敬畏和紧张。

幽默是一种让人发笑的情感。但是幽默如何制造期待却并非显而易见。当一个喜剧演员开始讲笑话时，我们总是忍不住去猜测笑点会是什么。如果我们在演员说出来之前就猜到了笑话的“梗”，那么这个笑话就是失败的。但如果笑话本身出人意料，我们就会觉得它十分搞笑。如果我们知道一个笑话的结局，那么笑话就不好笑了。人们从过往的经历中获知令人惊奇的事物往往十分有趣，所以对幽默场景的笑点抱有期待。有趣的事物能够愉悦身心，因此我们期待这类好事的发生。制造一个幽默的场景往往依赖于人们对意想不到的结局的期待。

敬畏这种情感就比较难以描述了，也许当你站在美国大峡谷的边缘时你会体会到这种情感。敬畏是害怕和惊奇的混合体。进化科学家认为，人们对帝王这种位高权重的人会产生某种原始反应，敬畏就是从这种反应衍生而来的。为了维护社会等级，维持社会和谐，人们就会去敬畏有权势的人。这就解释了人们在看到名人的时候为什么会感到敬畏。这同样也解释了人们为什么会花钱去现场听乐队演奏而不仅仅是去听专辑。敬畏是我们面对伟大的人或事时产生的惊奇之感。

正如幽默使人发笑，敬畏在生理上也会有所体现。心生敬畏的人，一般都会微微张着嘴，把眼睛睁得很大。这与人们遇到需要战斗或是逃跑的情形时产生的生理反应相同——精神警觉，双眼圆瞪，口唇轻启，以便吸入氧气，为肌肉提供战斗或逃跑的能量。

第三种情感是紧张，最贴切的描述就是，当某事物让你有所触动时，你会起鸡皮疙瘩或是感到凉飕飕的。你在听一首歌的某一部分时或是在一个性感的人触摸你时可能会产生这样的感觉。如果一件事情让你汗毛直立，那么你就很有可能产生了紧张的感觉。

贴士

在视频片段中，使用幽默、敬畏和紧张的情绪能够制造期待。

在病毒式广告中，让人产生紧张的感觉是惯用的手法。红牛（Red Bull）和运动相机（GoPro）这两个品牌在极限运动类广告中经常采用这种方式。其中，《运动相机：在 72 英尺高的峡谷做后空翻》这则广告就取得了不错的反响，被分享了近 100 万次。这则爆红的广告，用视点镜头拍摄了凯利·麦加里（Kelly McGarry）在狭窄的岩石山脉上自由骑行山地车的画面。在视频的末尾，他做了一个让人心惊肉跳的后空翻。在视点镜头视角下，这次骑行确实惊心动魄。通过骑行者的视角拍摄视频，成功地将紧张的情绪传递给了观众。视频同时为观众展示了当山地车特技车手是一种怎样的体验，可以说，正是因为视点镜头，车手的紧张情绪才得以传递给观众。

如何制造期待

要让一个想法变成病毒式内容，重要的是要考虑如何强化生理激发，因为生理激发能够赋予人们分享的动机。制造生理激发的一个方法是制造强烈的期待感。

在本章中，我描述了三种情感：幽默、敬畏和紧张。每一种都可与期待共存。制造期待感时，需要保证这三种情感中的任意一种都足够强烈。此外，要保证情感的传递是有效的。我们需要更高级的创造力来保证故事能够创造足够强烈的幽默、敬畏和紧张情绪。但是，即便有天才相助，预设的情感如果不能有效地传递给观众，那么内容的有效性就会大打折扣。

传递这些情感的最佳方式是让演员在故事中强烈地体会这些情感。借助社会传染效应可以将情感传递给观众，比如采用视点镜头这种拍摄方法，或是让演员做出特定的面部表情。广告《运动相机：在 72 英尺高的峡谷做后空翻》给人以强烈的紧张情绪，其中运用的车手视角就起到了很大作用。当观看车手骑行时，观众能够感同身受。因为视频采用了视点镜头的拍摄手法，所以观众能够以车手而非观察者的视角去体会和感受。通过情感的传染，紧张感能够更为有效地传递给观众。

第 5 章

用亲切感培养忠诚度

1973 年，杰克出生在澳大利亚西部一个小的乡镇医院里。他的父亲有一个不大的奶牛场，母亲把自家养的牧牛犬拿去卖钱补贴家用。和当时澳洲内陆很多农场一样，摩托车已经取代了大部分马车，成为主要的交通工具。杰克喜欢坐在他父亲的摩托车后座上，在人烟稀少的红色煤渣跑道上兜风。

在澳大利亚，骑摩托车是很普遍的现象，这很大程度上是因为澳大利亚全年气候温和，弯路多，而且在澳洲内陆骑摩托车已经成为其农业文化的一部分。很多澳大利亚人很早就会骑摩托车了。对于澳大利亚的年轻人而言，在学会开车之前成为专业水平的摩托车车手是很普遍的现象。

杰克九岁的时候，不停地跟父亲唠叨，让父亲给他买一辆摩托车。他最好的朋友、邻居德里克有一辆自己的摩托车，两人计划玩赛车，自己修一条煤渣跑道。在他 10 岁的时候，杰克的父亲不顾杰克母亲的反对，为他买了一辆 80 毫升排量的二冲程铃木牌摩托车。

杰克对他的新玩具爱不释手，他骑着摩托车，绕着小牧场一圈一圈地转，在红色煤渣跑道上上下下，从放学回家一直骑到夕阳西下。周末的时候，他的朋友拿着铲子，早早地就来了，他们会花上半天的工夫修跑道，另外半天玩惊险的赛车游戏。杰克的父亲甚至用挖掘机帮他们修了一条赛道。杰克的母亲看不下去了，只能终日照料自己的小狗。

杰克越来越善于在地形复杂的地方骑行，甚至可以让摩托车飞起来。他的骑行技术越高，就越有竞争力。不久以后，每逢周日，杰克都会参加当地的摩托车越野赛。杰克 14 岁的时候，就能够跟比他大得多的人在 250 毫升排量的摩托车赛场上竞争了，他父亲的壁炉架上都是杰克的奖杯。在当地摩托车越野赛中，杰克俨然是一个名人。

杰克 18 岁时完成了学业，在镇子上一个离家 40 英里[①]的大农场当帮工。杰克开始喜欢摩托车以外的机车，他的朋友们也开始用公路车和巡逻车替代轻型摩托车。杰克跟随朋友的步伐，卖掉了他的轻型摩托车，买了一辆二手的哈雷–戴维森运动太子（Harley-Davidson Sportster）。

与越野车相比，骑公路车略显乏味，但也有好处，能让杰克看上去更酷，让更多女孩子对他青眼有加。随着年龄的增长，杰克发现比起去镇子上参加越野赛、赢得奖杯，他更想在朋友的车库里听听音乐、喝喝啤酒。他那段赛车的青春时光如同他蒙尘的摩托车服和头盔一样，被埋藏在了青春的记忆中。杰克穿着破洞牛仔裤、皮夹克、技师靴，还弄了几处文身。

杰克告诉自己，那种沿着畅通无阻的高速公路骑行的感觉无与伦比。对于杰克而言，骑摩托车的全部意义便在于自由。

杰克开了一家摩托车店

杰克和朋友们唯一不变的是对机修的共同爱好。年轻时的他们没有钱让

---

① 1 英里≈ 1.609 千米。——译者注

机修工检修摩托车，所以就自己学着做。越野车需要经常打理，所以杰克早就对零部件的拆卸习以为常——他会拆掉自己的摩托车，然后装上新的减震器、制动器、车杆、操纵件、轮圈和轮胎。杰克新买的哈雷车也是一样。对于杰克来说，买些新的部件安装在车上，然后展示给朋友看，可以说是最棒的体验了。

杰克为自己定制摩托车这个爱好很费钱，他虽然很享受购买新物的乐趣，却不得不为如何节约他微薄的薪水忧心忡忡。杰克看中了一辆更大、更好的车和很多零件，他迫不及待地想将其收入囊中。所以，杰克躺在床上想了好几个晚上，盘算着自己如何赚更多的钱，来满足自己购买摩托车的愿望。他得出的结论非常简单——他一定要拥有一家属于自己的摩托车店。

杰克很快发现，买卖做起来比听起来难多了。第一个问题便是启动资金。他申请了银行贷款，但是却没有获得批准。就在此事过去不久，杰克的祖父老杰克去世了，杰克非常悲伤，却意外获得了一笔财富。杰克之前并不知道祖父有钱，当听说祖父留给他的钱足够租下镇子里一个中等规模的店面、一些存货和工具时，他惊讶无比。杰克一开始想用这笔钱买一辆新摩托车，然后去度假，但是他很快打消了这个念头。那时的杰克已经很明确自己需要一家店。他受够了给别人打工，希望有自己的生意，过上体面的生活。

杰克的梦想终于实现了。为了纪念他的祖父，“杰克摩托车”店在 2003 年 8 月正式开始营业。20 年前的那一天，正是他父亲给他买摩托车作为生日礼物的日子。

用亲切感树立品牌促进分享

第一次遇到杰克时，我正在日本滑雪度假。我们住在同一家旅馆，因为我们都是独自旅行，所以经常结伴滑雪、用餐。我们相处愉快，一直保持着联系。杰克有时会来墨尔本拜访他的一个供货商，我们就在墨尔本一起吃午饭、喝啤酒。

一天，我接到杰克的电话。他说他要来墨尔本，希望跟我一起去喝一杯。于是我预订了当地的一家酒吧。

我很早就到了酒吧，一直在窗边等候。杰克迟到了，透过窗子，我一眼就认出了沿着街边走路的他。杰克垂头丧气地进了门，我能感受到他有些不对劲。我给他买了一杯啤酒，酒杯见底之前，我问他是不是有心事。

他开始倾吐他的心事。摩托车并不好卖。杰克曾经梦想卖他自己中意的摩托车款型。但现实是，卖出的大部分车都是卖给当地农民的农场用车，他自己的大部分时间都花在了维修车子上。杰克的梦想几乎破灭，情况一天比一天糟。悉尼来的一个摩托车特许零售商刚在杰克的镇子上开了一家店，人们都说杰克店里的东西价格太高了。特许零售商的采购力远非杰克可比。杰克的店正在亏钱，几近破产。

杰克了解摩托车，却不懂经营之道。他在店面橱窗上贴上了“大减价”的标识，标识越来越旧，几乎已经成了一个长久的摆设。他开始大幅降价，但毫无用处。杰克快破产了，但他不知道如何拯救自己的生意。

价格战不是个好主意，我深信杰克应该专注于创建自己的品牌。与竞争对手硬碰硬毫无用处，杰克也没有采用这种策略所需要的资源。我们开动脑筋，开始计划这件事。

我们一直坐在酒吧里，坐到酒吧打烊。我看了看他的网站和他的竞争者的网站，讨论了具体的营销细节。杰克的营销手段，只是时不时花钱在广播上做点广告或在当地报纸上的一小块地方印着自家店铺的广告而已。他的广告基本上都是店里新进的机型，或是维修和保养服务等。我需要让杰克树立品牌意识，而不是简单地卖车。

杰克的营销注重的是摩托车实实在在的特点——品牌、型号、规格、大小，当然还有价格。杰克是我认识的最狂热的摩托车手，但是我们相识以来，我从未听他跟我说过他自己摩托车值多少钱，他甚至没说过自己的摩托车是什么型号的。杰克讲述的关于摩托车的故事都与他的经历有关——他的冒险经历，在路上遇到的人，早上如何骑车穿行于群山之间和他与车友之间的友谊。我问杰克："杰克，为什么骑摩托车如此吸引你？"

他没有立刻回答我，而是转过头向窗外望去。他叹了口气。停顿了好一会儿后，他低声说道："骑摩托车时感觉很自由，那种感觉无与伦比。真的。"

我听他说完，然后对他说："好吧，杰克——咱俩认识以来，你一直在说你骑摩托车时的冒险经历，但我从没听你说过你花多少钱买的摩托车，摩托车是什么型号，你甚至都没说过你的摩托车是什么颜色的。摩托车在你眼中究竟是什么？"杰克当时没说话，然后回过头来望着我。慢慢地，他开始面露喜色，他用袖子擦了擦眼睛，露出了我所熟悉的微笑。他正了正身子，大声说道："自由和生活方式！就是这个没错！"酒吧的招待员朝我们这边望了望。杰克转过身去，充满激情地对他说："人们不在乎他们的摩托车多厉害，或是摩托车是什么颜色的，他们也不关心价钱。骑摩托车意味着自由的生活方式！”酒吧招待员歪着脑袋打量着杰克，似乎在看他是不是喝醉了。杰克拍了拍我的后背，笑容满面地向卫生间走去。

从那时起杰克就意识到，对于他的顾客而言，真正重要的是摩托车给他们带来的感受。这种感受并不全与机车本身有关，而是关乎文化和经历。这就是摩托车真正的价值所在，也是他品牌定位的出发点。

杰克所发现的是一种叫作“亲切感”的东西。当你想到你热爱的某件事情时，亲切感就产生了。事物、活动甚至观点都可以让人们产生亲切感。摩托车爱好者因为文化、自由和兴奋的感觉，追求刺激、冒险和与车友之间的深厚情谊等因素而热爱他们的生活方式。人们也喜欢自己的摩托车，但是真正重要的是摩托车带给他们的体验。

接下来的一年，我帮助杰克调整了他的营销策略，但我知道，杰克自己是有能力扭转败局的。我们设计了一则网络营销广告，故事的主角是一个戴着头巾的四十多岁的男人，倚着一辆被丢弃在澳洲内陆高速公路上的印度式摩托。主角的形象充满了自由和炫酷的感觉。我们将受众定为拥有最多可支配收入和最高购买频率的人群：35 岁到 50 岁的男人。我们使用了一句幽默感十足的广告语：“如果你想要一天的快乐，那就去喝两杯；如果你想要一年的快乐，那就去结婚吧；如果你想要一生的快乐，那就来杰克摩托车店吧！”与杰克之前的广告不同，这则广告的重心在于骑行的生活方式而非摩托车本身。

> **亲切感**
>
> 对于某个活动、想法或物体感觉到温暖、尊敬和深深的感激。

杰克重新布置了他的店面，将一些定制的摩托车放在最前面展示，橱窗和墙上既有体现经典的英国咖啡机车文化的展品，也有体现美洲长途巡逻车文化的展品。他在店里放了一张红皮沙发，开始售卖咖啡和热饮；他说服当地的一位收藏家把罕见的经典摩托车租给他放在店里。他的摩托车店看上去像摩托车博物馆和20世纪60年代咖啡馆的结合体。

晚上，杰克邀请有外国游历体验的摩托车旅行者来店里自由座谈；周末，杰克组织骑手进行群体骑行，每名骑手必须经过五到七个关卡，从每个关卡抽一张扑克牌，最后看谁的手气最好（游戏的名称叫作Poker Run）。这些活动都是杰克摩托车店主办的。这并不是容易的事，但是付出总有回报。杰克摩托车店从过去人们心目中那个摩托车价格昂贵的店变成了人们乐意光顾的标志性品牌店，销量也随之上升。

杰克将重点放在了摩托车骑行体验和文化上，取得了意想不到的成功。杰克之前的农民客户，大部分都流失到了特许经营人的店里，但是杰克却获得了一个既富有又忠诚的客户群——全州上下的摩托车爱好者，他们是杰克客户群体的中坚力量。杰克甚至告诉我，现在经常有游客驻足参观他的店。他一个月卖“杰克摩托车店”T恤赚的钱比他一年提供摩托车服务的收入还高。

杰克，这个澳大利亚西部的农场帮工，刚刚为一个标志性品牌打好了基础。

亲切感和情感：区别是什么？

亲切感是构成分享基础的一种强有力的感觉。亲切感通常表现为对一个活动、想法或物体产生温暖、尊重或是深深的感激。亲切感跟情感不同，原因如下。

情感具有一定的生理反应。肾上腺素会被释放，血压会升高。面部表情也会因某种情感而改变。情感产生时，往往伴有能量和身体的变化。这种变化通常是短期的，来得快去得也快。

相反，亲切感持续的时间较长。它是某人对某事物发自内心的热情。它是一种与某事物亲近的感觉，以热情为特征。

在操作层面，相较于情感，亲切对于创造病毒式内容更加重要，也更易取得成功。

用基于时间的亲切感促进分享

2013 年，马歇尔吉他音箱（Marshall Amps）在 Facebook 上发布的图片走红了。原图有两个版本，其中的一幅图是在另一幅图贴出了几个月之后才发布的。图片展示的是“恶名昭著”的马歇尔吉他音箱。这种吉他音箱对于弹电吉他的人来说有特殊的意义，因为它与世界上最具标志性的传奇吉他手有关，比如吉米·亨德里克斯（Jimi Hendrix）、皮特·汤森（Pete Townshend）和吉米·佩奇（Jimmy Page）。马歇尔音箱向来声大，深受摇滚乐手喜爱。实际上，马歇尔和吉他手喧闹的演奏有密切的关系——众所周知，马歇尔是第一家制造出 100 瓦吉他音箱的品牌。当乐队在大型场馆开始演奏时，无论人群如何喧嚣，都可以听得到乐队的演奏。

这两幅图是有区别的。最先发布的版本，图下方写着："马歇尔吉他音箱，始于 1962 年。"这幅图大概有 100 人点赞，有大概 40 次分享。后一个版本在第一张图贴出几个月后发布，下面写着："从 1962 年开始就让邻居恼火。"这张图获得了大约 80 000 次点赞，27 000 次分享，这是不俗的成绩。很明显，这张图火了。

你可能认为，第二张图传递的信息更有意思，情感更强烈，因此分享的频率较高（见本书第 3 章关于情感的讨论）。但这不是唯一的原因。两张图之间有一个更为重要的差别，正是这种差别让一张图走红了，而另外一张图几乎无人问津。第二张图制造了"基于时间的亲切感"。

年轻时弹电吉他的人都知道乐器发出的声响会吵到邻居。第二张图就让这些人回想起自己年轻时候的自由时光。关于青春的记忆对人们来说具有特殊的重要性，因为年轻时的他们有着光鲜的容貌，有很多机会，眼前有大好的人生。人们对于青春有强烈的亲切感。马歇尔吉他音箱通过激活对人们而言十分重要的青春记忆来制造亲切感，以此让人们产生分享这幅图的愿望。

与走红的第二张图不同，马歇尔吉他音箱的第一张广告图旨在告诉人们这个品牌的传统。"马歇尔吉他音箱，始于 1962 年"这句话可能会给马歇尔公司的老员工带来亲切感，但是对于马歇尔的顾客来说却没什么意义。这句话无法给顾客带来亲切感，因为这只是对于品牌的客观描述。

所以，基于时间的亲切感是如何促进分享的？根据该领域科学家的说法，有意义的记忆和关系构建之间存在联系。

克雷·劳特利奇（Clay Routledge）和他的同事们做了研究，试图理解人们对于过去的记忆是如何影响他们将来的行为的。研究发现，人们回想过去发生的有意义的事件能够让他们保持好心情，也能提升他们的自尊感。并且，分享关于过去发生的有意义的事件能够促进人际关系的良性发展。这就是为什么我们与人交流时的大部分话题都是关于过去发生的事。下次你与人交流时，尝试一下只说与现在相关的话。这可比你想象的难多了！

来自南安普顿大学的康斯坦丁·塞迪基德斯（Constantine Sedikides）和他的同事提出的一个理论是，人们与他人分享有意义的记忆是为了给自己一种人生的意义和目的感。他们发现，人们利用时间让自己的存在显得合情合理，并让自己相信人生是有意义的。人们与他人分享值得纪念的时刻，可以提醒自己人生是具有意义和目的的。我认为这就解释了人们为什么喜欢给彼此展示他们出游时的照片。

> **基于时间的亲切感**
>
> 从过去有意义的记忆中激发的对于某种行为、想法或物体感觉到温暖、尊敬和感激的感觉。

对于营销人员而言，理解亲切感如何与时间相联系是十分重要的，因为基于时间的亲切感能够促进快速和持久的分享行为。当你对某事物感觉亲切时，你就会产生对这个事物的渴望。这种渴望是发自内心的。但是营销人员并不总能激活目标受众内心的这种感觉。大多数人或许都很在意自己关于青春的记忆。基于时间的亲切感能够利用记忆来激活亲切感，这比利用人们当下对某事物的亲切感更加有效。

一个靠基于时间的亲切感走红的视频

很多人的青春记忆都与迪士尼有关。我年轻的时候很喜欢迪士尼卡通，那时我最想做的事就是去迪士尼乐园玩了。我有自己的孩子时才有机会参观迪士尼乐园，但是陪孩子同去让这件事变得更加不同寻常了。

2015 年年初的时候，迪士尼乐园制作了一个视频，在步行街放映，视频的内容是一个恶作剧。迪士尼的这则《哦，天哪！》视频迅速走红，在我写下这些文字的时候已经有超过 360 万次的分享。视频中，在一条步行街上有一家虚构的魔法商店，看上去是一家新店，还没有开张；这家店的橱窗上有不透明的白色屏幕。但当路人无心走过时，神奇的事发生了。

人们走过这家商店时，屏幕里会出现一个迪士尼卡通人物的影子，影子会模仿路人走路时的样子。一些人停下脚步，随便做了几个动作，让影子模仿。有些人随着卡通人物翩翩起舞，卡通人物的动作十分灵活。大人和小孩都会参与其中。每个人都有一个不同的迪士尼卡通人物。高飞、米奇、灰姑娘和巴斯光年纷纷亮相。每个卡通人物都给人们带来惊喜和欢乐。一大群人被吸引过来，恶作剧结束时，迪士尼卡通人物从屏幕后面走了出来。

很多人的青春记忆中都有迪士尼，正如本章之前提到马歇尔图片时所讲的，青春记忆的意义深厚，能够唤起人们强烈的亲切感。迪士尼视频触碰到了人们的青春记忆，这就使用了基于时间的亲切感。

迪士尼的《哦，天哪！》视频很好地诠释了亲切感是如何赋予人们分享的动力的。亲切感并不是分享的理由，而是分享发生的基本要求。如果一个视频或一张图片无法让人感到亲切，那么可能就没有人会分享。要创造分享的动机，亲切感是必要条件。马歇尔吉他音箱广告激活了基于时间的亲切感，但分享的基本原因却是自我提升动机。我们在第 2 章时讲到了自我提升，人们经常与人分享一些事物，目的是向他人传达关于自己身份的信息。吉他手可能分享与吉他有关的内容，是为了向他人展现自己的个性特点，或者向他人表明自己的吉他手身份。与之相比，人们分享《哦，天哪！》这则视频广告的动机更多关乎维持亲情的愿望。人们喜欢分享有趣的事物，因为这样做会让别人感觉他们是有趣的人。但是，人们天生具有社交的需求，希望与他人产生关联，这就不仅仅是向别人传达身份信息那么简单了。迪士尼的《哦，天哪！》视频向我们展示了在视频中创造基于时间的亲切感是如何促进分享行为发生的。

制造亲切感

塔提亚·皮莉娃（Tatia Pilieva）在电脑上存着一个名为“亲吻”的文件夹。里面是她与丈夫九年来在不同地方接吻时拍的照片。每当她情绪低落时，她都会打开文件夹看看这些照片。这会让她感觉好一点。

一天，她产生了一个疯狂的想法。如果将两个陌生人放在一起，让他们接吻，会发生什么？不是在脸颊上礼节性的一吻，而是彻彻底底的唇吻！

她把拍摄的任务交给她的丈夫安德烈，在朋友的帮助下招募了 20 名志愿者。她安排所有人来到同样的地方，两两结成对，然后就开始拍摄了。虽然有些尴尬，但 20 个人都热情地亲吻了他们才见了一次的人。

拍完后，塔提亚将视频传到了 Style.com、YouTube 和 Vimeo 网络平台上。短短两小时之内，这个视频浏览量已有 200 次。浏览量急剧增长，到晚上时，已经达到了 60 万次。她第二天醒来时，视频的浏览量已有 500 万次。在我写下这些文字的时候，《第一次吻你》已经有一亿的浏览量了。

《第一次吻你》以不同的方式使用了亲切感。很明显，大多数人都在乎两性关系——生殖繁衍是我们的本能。但是视频却没有落入俗套——相反，它营造了浪漫的氛围。《第一次吻你》中的场景是大多数人不曾经历过的。没有人在初见别人时就会与对方接吻。但同时，这个想法让很多人大吃一惊。所以，亲切感其实不是从记忆中产生的，而是从人们的理想场景中产生的。

我认为，在《第一次吻你》这个案例中，亲切感源自人们本能的欲望。尽管视频开头略显尴尬，理想爱情这个主题却凸显得淋漓尽致。爱情是经典故事中历久弥新的主题。人们重视故事讲述的过程，尽管视频讲述的故事让人觉得有些难为情，但却能创造出一个对大部分社会成员都极具吸引力的理想主题。《第一次吻你》用一种有趣的方式，通过激发一些人对爱情和故事的理想来制造亲切感。

通过激活记忆制造基于时间的亲切感

《世界上最辛苦的工作》是一则被分享了 200 万次以上的爆红视频。视频讲述了一个恶作剧式的故事——一个虚构的公司招聘运营经理的面试过程。面试官在描述工作要求时，告诉求职者：他们工作的大部分时间都必须站着，而且必须 24 小时待命。求职者有些忧心，但还是表现出了对这份工作的兴趣，并继续将自己最好的一面展现给面试官。面试官接下来告诉他们，他们没有固定的假期，而且要准备好在法定节假日加班，包括圣诞节和感恩节。求职者开始面露难色，但还是坚持下来了。最后，面试官告诉求职者，他们的工作是没有薪水的。进行到这个阶段，求职者震惊了，他们告诉面试官，这份工作听起来十分残忍、不人道、不公平而且是不合法的。

视频结束时，面试官告诉求职者，这是一个恶作剧。他解释道，世界上已经有大量的人在从事这份工作：母亲。

尽管《世界上最辛苦的工作》视频没有渲染强烈的感情，但它却创造了亲切感，从而获得了广泛传播，堪称视频传播的典范。它就像一个谜——有一系列不明确的线索，最后让人们恍然大悟。正如本章中其他的案例，这个视频通过激活人们已有的记忆来制造基于时间的亲切感。很明显，大部分人都有关于母亲的深刻记忆。视频通过将重点放在工作上，成功地让人们产生了对母亲的感激之情。这种感觉对人来说十分重要，我们对于抚养我们长大的母亲的记忆是深刻的，并有着特殊的意义。亲切感对于病毒式传播是必要的，但是它却不需要制造情感。

送礼物能够促成分享吗

差不多每个人都有送礼物和收礼物的快乐记忆。但是这些记忆是否足够有意义，可以制造亲切感？下面这个例子说明，这取决于人们看视频的时间和一种叫作“思想末梢”的东西。

《西捷航空的圣诞奇迹》是一则被分享了 220 万次的爆红广告。这个视频最初在 2013 年 12 月播放。视频中，候机厅里有个小亭子，屏幕上的圣诞老人问旅客们在登机之前想要什么样的圣诞礼物。人们在赶去搭飞机之前将自己的愿望告诉了圣诞老人，虽然他们认为这只是一个新颖的搞笑噱头而已。出人意料的是，旅客登机后，航空公

> **思想末梢**
>
> 因为近期的和经常性的激活，很容易被回忆起的思想。

司员工就匆匆忙忙地去为他们买礼物。旅客到了目的地，去行李提取处拿行李时，惊讶地发现传送带上的并不是行李箱，而是一个个包装盒。每一个包装盒上都有旅客的名字，包装盒里是之前旅客们告诉圣诞老人他们想要的礼物。旅客们非常开心，圣诞节的浓浓真情将人们聚在一起共享快乐。

正如本章中提及的其他案例，《西捷航空的圣诞奇迹》视频也是通过激活人们的记忆来制造亲切感。在本例中，亲切感源自收礼物和送礼物。但如果视频不是在圣诞期间播放的话，仅凭这一点并不能够让更多的受众产生亲切感。

思想末梢能够提升思想的意义和重要性。如果人们经常想到某个事物，那么这个事物就更有意义。《西捷航空的圣诞奇迹》视频是在圣诞节期间摄制的。圣诞节期间，礼物随处可见，因此人们经常会想到送礼物这件事。因为送礼物的想法与最近的经历相关，而且经常被相关的线索激活，所以送礼物的想法对所有人而言都是思想末梢。所以，在圣诞期间播放这个视频比在其他时间播放更能凸显送礼物这个想法的重要性，也能制造更强烈的亲切感。

亲切感的作用不仅在于激发人们分享的动机，它还能够提示你的顾客为什么应该在意你的品牌。任何一个营销人员的最终目的都是制造一种发自内心的温暖感觉，这就是亲切感。

杰克摩托车店向我们展示了如何利用亲切感让人们产生对于某个品牌的有益联想。在每一次的接触中，从T恤到店铺的历史，再到组织的活动，杰克时时提醒他的顾客们热爱摩托车文化的理由。杰克将他的品牌定位为“能燃起摩托车热情的火把”。亲切感让杰克的顾客产生了集体感和归属感。我认为，如果杰克的店现在倒闭的话，一定会让很多人心碎的！有多少买卖能做到这个程度？

人们想到杰克的店铺时能够产生某种感觉——这是所有的品牌的终极目标。这不只是通过广告让你的品牌得到顾客的认可，让顾客记住的你的品牌；一个品牌真正的价值在于你的顾客有多么在意你。人们喜欢杰克摩托车店，杰克摩托车店也喜欢它的顾客。当被问及成功的秘诀时，杰克是这样说的："爱你的顾客，你的顾客也会爱你。"

如何制造亲切感

亲切感是对于某个活动、想法或物体感觉到温暖、尊敬和深深的感激。亲切感与情感不同，后者的特点是身体对于某个刺激产生的短期反应。亲切感是一种发自内心的持久感觉，不一定产生实际的反应，持续时间也不短。杰克摩托车店的案例告诉我们，亲切感可以用来使人们产生与品牌有关的积极联想，但更为常见的情况是，亲切感能够让人产生分享某个品牌视频广告的动机。

关于亲切感最重要的一点是，它是内容能够获得病毒式传播的条件。如果某人并不关注或不在意你的营销内容，他们当然不会去分享。如果说情绪是创造病毒式内容的重要因素，那么亲切感就是关键因素。

制造亲切感的一种方式是，提示人们他们喜欢某些东西的理由。这种方式最大的问题是，你的目标受众并不一定喜欢同样的东西。如果你的目标受众有共同的兴趣，比如爱好摩托车，那么事情就好办多了。但对于很多品牌而言，目标受众成分复杂。在这种情况下，激活更多人有意义的记忆就是一个更好的选择。

所谓的"基于时间的亲切感"是从意义的记忆中创造的一种温暖的感觉。本章描述了基于时间的亲切感的两大来源。

1. **青春**。大部分人都珍视关于青春的记忆。从青春记忆中激活基于时间的亲切感需要找到对人们意义重大的共同记忆。青春记忆可能没有具体的细节，却有不同的主题，这就使其对更广泛的人群具有吸引力。例如，每个人年轻的时候都有关于收礼物的记忆，或者都喜欢迪士尼。这些记忆能够让人们产生怀念青春的情愫，这对于很多人都有重要的意义。
2. **关系**。几乎所有人的一生中都有对他们而言很重要的关系。这些记忆可能有共同的性质（比如，母亲，而不是某个特定的人），因此我们可以用有意义的方式激活更广泛人群的相关记忆。使用这种策略时，你的任务是找到一个涉及关系的重要场景，比如与爱情或亲情有关的场景，或是与老师、领导等良师益友有关的场景。

最后，思想末梢记忆线索能够让基于时间的亲切感这种策略更加有效。最直接的方式就是通过当下热点事件来激活人们的记忆。例如，如果你想激活人们对于母亲的记忆，那么在母亲节前后发布你的病毒式内容就是最有效不过的了。

无论在什么情况下，都不要触及当下的灾难给人们造成的痛苦体验。当一场人为的灾难见诸报端或 Twitter 时，最好立即停止所有的营销活动。那些企图利用灾难进行营销活动的品牌，将会遭受无法控制的负面影响，可能让品牌万劫不复。所以，利用积极的因素比利用消极的因素更加明智。

第 6 章

制造劣势，赢得人们的正义感

克里斯（Chris）住在纽约布鲁克林区一个条件较差的街区。他的母亲是一位教师，同时也是一名照顾智力障碍者的社工。他的父亲是一名卡车司机。为了让克里斯长大以后有出息，父母送他去了较为富庶的片区的一所学校。这所学校离克里斯家很远，上学路上要花费不少时间，但这并不是最让克里斯厌恶的事。克里斯是学校里唯一一个非裔美国人，他因为自己的种族而备受欺负。

克里斯在学校里遭到了可怕的虐待——有人打他，朝他吐痰，甚至向他丢装满尿液的气球。更糟糕的是，欺负他的不只他的同学。克里斯记得，有一天，一群家长在校外举着牌子，牌子上写着“黑鬼滚回家”。那是 1977 年发生的事。

因为总被欺负，所以克里斯每天都很害怕去上学。每天早上坐在去学校的校车上，克里斯都会感到痛苦。他每天想到的只是自己又会遭遇怎样的欺侮。一天，克里斯有了个主意。他不得不保护自己，所以要做一些让那些欺负他的人意想不到的事。他在上课前走进教室，坐了下来。他深呼吸，让自己平静下来，然后高声说了一句关于贬低非裔美国人的话。教室立刻安静了。每个人都以惊奇的神情看着克里斯。随后，克里斯又大声讲了个发生在自己身上的笑话。有人轻声地咯咯笑。这次克里斯站了起来，又讲了个笑话，描述他的妈妈是多么吝啬。此时，众人哄堂大笑。那些经常欺负克里斯的人也被逗乐了。那天，没有人欺负克里斯。

好几个礼拜过去了，克里斯总能想方设法让自己不被欺负。对克里斯而言，讲笑话是他的保护色。只要他能逗别人笑，那么日子就会好过一点。克里斯自嘲的内容，不仅与种族有关，有时也与他的父母、亲戚和音乐有关。有时他的笑话会让人发笑，但有时人们也不买账。对于克里斯而言，重要的是他开始了解哪些笑话能让人发笑，哪些笑话不好笑。"小丑"克里斯能够游刃有余地掌控人生，但是真实的克里斯却仍然是人们鄙视的对象。做一个讲笑话的小丑能让他自由地表达观点，也能让他与那个被欺负的自己保持距离。

克里斯最终离开了学校，鼓起勇气站在纽约"追逐明日之星（Catch a Rising Star）"喜剧俱乐部的舞台上表演单口喜剧。他在晚上 7 点 45 分俱乐部开门的时候到场，在凌晨 2 点离开。他在俱乐部说了六年单口喜剧，期间十分用心地向其他喜剧演员学习。克里斯意识到，成为一个伟大喜剧演员的秘诀是，一定要知道什么东西不好笑，这比知道什么东西好笑更加重要。他总是记笔记，养成了观察别人行为的习惯，这些行为都是其他人习以为常的。在表演中自我贬低的同时，他的风格开始变得独特、犀利、富有争议性。于是，他渐渐有了名气。很多人都说，克里斯的表演不容错过。

克里斯成功试镜颇受欢迎的系列喜剧小品《周末夜现场》（*Saturday Night Live*），由此名声大噪。他在艾迪·墨菲（Eddie Murphy）主演的《比弗利山警探 2》（*Beverley Hills Cop II*）中担任了主要角色之一，从此进军影视界，最终获得了三次艾美奖，包括 15 次提名。

2001 年，《时代》周刊将克里斯 · 洛克称为美国最搞笑的人。

公正、正义和不公平的优势

自我贬低的幽默，或是将自己作为开玩笑的对象是全世界的喜剧演员采用的惯常策略。这种策略之所以有效，是因为人们天生就容易关注受到不公正对待的弱势群体。才艺表演中那个看似毫无获胜希望的选手击败了所有对手，一个孩子打败了学校里的恶霸，这些故事的性质与我们耳熟能详的《灰姑娘》《大卫和歌利亚》无异。很多我们熟知的故事都以弱势群体的胜利为主题，这并不奇怪，因为我们支持弱者的本能是根深蒂固的。

人们支持弱者的欲求取决于他们的公平正义感。一个和谐的社会有利于我们祖先的生存发展，公平正义感是和谐社会的必要条件，也就成了人类的一种本能。营销人员可以充分利用这一点，很明显，品牌可以成为市场中的"灰姑娘"，而以弱者为主题的广告有很强的可分享性。

然而，人处于劣势地位并不意味着他们就一定能获得他人的支持。比如，无家可归的人认为自己值得同情，而实际上却并不能总是得到别人的同情。而某个在绝境中奋力抗击不公正待遇的人却会获得很多人的支持。将自己定位为弱势一方的基本要求是，你应是一个身处逆境、实力较弱的个体。但这还是不够的。将自己定位为弱势一方并不容易。将一个处于不利地位的人变成弱势一方需要三个必要条件。

一个以弱势者为主题的故事获得病毒式传播的第一个必要条件是，在弱势者和观察者之间制造一定的距离。意思就是，读故事的人不应该认识故事中的弱势者，也不能与弱势者有任何关联。比如，你不大可能觉得自己的体育队是弱势一方。但如果是一支你不太了解的队，再加上其他的条件，那么你就有可能产生希望这个队获胜的强烈愿望。

第二个必要条件是故事要有非正义的元素，往往通过不公平的劣势体现出来。故事中如果一个人或一个群体仅是处于不利地位，那么这是远远不够的；处于不利地位的一方需要受到明显不公正的待遇。

第三个必要条件是要注重努力而非能力。读故事的人必须觉得弱势者应该成功，不是因为他们能力强，而是因为他们付出了努力。人们认为，只有当某个人的行为是好的行为，结果也尽如人意时，才应该得到某些东西。努力和能力的区别在于，前者是人可以把握的，后者却不由人说了算。努力与手头的任务直接相关，比起那些能力很强却不努力的人，那些努力拼搏的人更加受人尊敬。因此，人们更倾向于认为努力付出的人应该得到回报，因为努力本身是可控的。

让人感到惊讶的是，克里斯·洛克的故事与很多其他的喜剧演员类似。值得深究的是他们中的很多人是如何将痛苦转变为欢乐的。孩提时代的克里斯·法利（Chris Farley）因为体重的缘故经常被欺负，于是经常在荧幕中或是舞台上以肥胖为梗来讲笑话。罗宾·威廉姆斯（Robin Williams）曾沉迷于毒品无法自拔，于是他在表演中也经常提到毒品。有人研究了 500 名喜剧演员，发现他们罹患精神分裂症、抑郁症等精神疾病的概率远高于常人。研究得出的结论是，很多成功的喜剧演员之所以事业有成，是因为他们在人生中善于运用幽默来减轻心理压力。但这些喜剧演员有一个共同点，即他们深知如何平衡“不公平的劣势”和“努力大于能力”之间的关系，以此赢得观众的支持。最优秀的喜剧演员不仅有趣，同时也很可爱。

努力的弱势者更容易获得支持

最常见的以弱胜强的故事也许就是一支实力较弱的体育队打败一支实力较强的体育队。可口可乐运动饮料动乐（Powerade）的品牌广告《动乐之舞》就采用了这样的故事情节。推出这款广告是为了与运动饮料市场的另外一个强势品牌佳得乐（Gatorade）竞争。

广告中，比赛开始前，动乐篮球队的教练在衣帽间给队员们打气。教练跟队员说，尽管对手有更多的资源，穿着更贵的队服，有明星选手为其效力，观众也站在对手那边，但是他们可以“开足马力”，获得胜利。

不幸的是，广告几乎无人问津。

一个球迷支持的队伍要赢得比赛，这本身并不能激发与弱势者故事中相同的公平正义感，因为队伍参赛的目的就是获胜。大多数人了解动乐，知道广告里的队伍直接代表动乐这个品牌。因为这是动乐赞助的广告，所以人们能预料到动乐队会赢得比赛，这就丧失了弱势者效应。因此，这个广告并没有成为病毒式内容。想让广告有机会获得病毒式传播，需要将广告中的篮球队和品牌完全区分开来。使用一支现实中存在的球队比用虚构的“动乐队”效果好多了。

动乐广告失败的另外一个原因是，虽然广告中的动乐队处于劣势，但却并不存在不公正的情况。教练将动乐队和对手的情况做了对比，以此让人感到动乐队处于劣势，但对手明显的优势却并未让人感到动乐队遭受了不公正的对待。战胜逆境的残疾人，在操场上被人欺负的小个子，或者一个因跳舞而被嘲笑的胖子，这些都能够让人感到不公正的存在，会博取人们对弱者的同情。动乐的商业广告没能让人产生这样的同情，因此也没有让人感到有任何不公正的存在。

动乐广告失败的第三个原因是努力因素的缺失。动乐广告中没有一丝努力的痕迹，只有教练的几句叮嘱，说明团队有获胜的能力。应明确地在广告中增加努力的因素——在制造弱势者主题时，应该尽量对能力轻描淡写。最后的这个弱点导致动乐广告没有获得病毒式传播。

我们不妨对比一下动乐广告和另外一则讲述几个年轻女孩奋斗经历的正能量广告。GoldieBlox 刚进入市场时，已经有孩之宝公司（Hasbro）和美泰公司（Mattel）两大竞争对手。为了打入市场，Goldieblox 公司制作了一则极具独创性的广告，主题是：小女孩是弱势一方，我们的品牌旨在用玩具帮助小女孩们获得成功。它们的《公主机器》视频广告当前在 YouTube 上已经有超过 250 万的浏览量。

广告的主题是年轻女孩在以男性为主导的世界里寻求一席之地。广告中有这样的情景：七岁左右时，女孩已经开始对数学和理科丧失信心。这些年轻的女孩在看电视时感到厌倦，于是决定用自己的女孩玩具建造一个繁复的鲁布·戈德堡（Rube Goldberg）机械，向人们展现她们在分析和工程方面的潜力——这说明努力胜过能力。在大多数人眼中，年轻女孩是可爱又易受伤害的小人儿。但是在这则广告中，女孩们聪明、强大、有能力，用非凡的技艺战胜了逆境。

广告成功制造了弱势者主题，因为它完全符合之前我们所说的弱势者的定位。首先，品牌和女孩之间明显是分开的——二者没有关系。其次，广告成功地制造了不公平的感觉。年轻女孩在工程等以男性为主导的行业中处于劣势地位，大部分女性都认为自己在工作中处于不利地位，这些都是极为可信的。尽管女性在劳动力中占 46% 的比重，但是全世界 2/5 的企业高管队伍中都没有女性的踪影；在 99% 的职业中，女性的薪水都比男性低。

最后，《公主机器》这则病毒式广告用复杂的鲁布·戈德堡机械说明了努力比能力更重要的道理。正如之前我所建议的，应将努力摆在比能力更加突出的位置。

与《公主机器》广告不同，动乐广告并没有体现努力因素，因为人们并未看到任何一个选手实际打球，所以很难相信这个队的胜利实至名归。

最成功的营销是改变人们的观念

这个社会最强大的力量之一就是正义感。你只要看看 Facebook 新闻页面下的评论就可以了解，在得知某个人或群体受到不公正待遇时人们会变得何等的义愤填膺。正义是弱势者故事成立的基石，被放大了的正义因素甚至更加有效。

我一直以来最喜欢的一则病毒式广告是 2014 年播出的。这是我最爱的一则广告。我喜欢它并不是因为它所体现的创造力，而是因为它各方面做得都很到位，符合我在本书中提出的成功广告的大部分特点。这则广告恰当地说明了如何利用正义元素激活观众强烈的情感反应。

任何病毒式内容的目标都是让人们有所感觉。但是最成功的一类内容能够改变人们的观念。这个视频是美国运动品牌安德玛（Under Armour）的《做我想做的》，由超模吉赛尔·邦辰（Gisele Bündchen）出演。视频开头，吉赛尔穿着安德玛运动装，面对着一个拳击吊袋。房间四面都是灰色水泥墙，如同一所监狱的健身房，只有一束光照进来。她的手缠着绷带，握紧了拳头，素面朝天。看得出来，她是认真的。

广告的开头就制造了一个有趣的矛盾，因为人们想到超模时，通常会联想到高挑的身材、时尚的穿着，而并非战斗训练室的彪悍形象。这就引起了看客的兴趣和好奇。

突然，吉赛尔开始踢吊袋。让人惊讶的是，吉赛尔的力度和技巧，完全不输给力量大、动作敏捷的 K1 拳击手——这与人们对一位美丽超模的预判大相径庭。

每天都有上千人在社交媒体上发表他们对于吉赛尔的看法。正如很多名人一样，她既有支持者，也要应付批评者。社交媒体上对于吉赛尔的评价开始在地下室的墙上闪现。“吉赛尔只是个模特罢了”“安德玛，什么破烂玩意儿！”“模特成为一种运动了吗？”“还是做你的模特去吧，宝贝儿”“她也没什么特别的”“吉赛尔真矫情”“她好老哦”“模特不过是化过妆才好看”。吉赛尔接下来的动作更让人吃惊。她完全进入了战斗模式，对吊袋发起了实打实的进攻，包括一连串强有力的猛击。她后退了几步，墙上出现了更多的评论。广告语出现在屏幕上：“做我想做的。”吉赛尔用行动让她的批评者们感到羞愧。这个视频展现了她争取成功的决心和能力。显然，她为成功付出了很多努力，拳击只是一种比喻。

吉赛尔用最好的方法回击了网络喷子，向所有人证明，她拥有的不仅是美丽的外表，她的成功实至名归；她的行为同时也突出说明了社交媒体上存在不公正的现象。

像克里斯·洛克这样的喜剧演员很早就知道人们倾向于关注弱势群体。这可以使人们发笑，也可以融化人们的心。人们天生同情、支持弱者，在看到弱势一方获得胜利时会产生很大的满足感。对于品牌来说，将自身定位为弱势者是通往成功的捷径，但是要激活人们的公平正义感从而让人们分享并非易事。让人们感觉到不公平劣势的存在并且努力大于能力，是让这类主题的广告获得成功的关键。一个真正的弱势者没有什么好失去的，反而会获得一切。

如何制造正义感

正义感是能激发人们好奇心和分享动机的强烈感觉。在你的视频广告中制造正义感，以下三个条件都不可或缺。

1. **距离**。制造一个关于弱势者的主题时，必须保证在弱势方和观察者之间存在一段距离。制造距离最简单的方法就是使用一个籍籍无名的弱势者。在理想的情况下，你需要一个完全独立的、无人知晓的个体。如果使用一个虚构的弱势者角色，要确保这个角色不直接代表你的品牌。
2. **不公平的劣势**。仅有劣势是不够的，容易被人忽视，因此劣势中有必要加入不公正的因素。人们不会轻易对某方面处于劣势的人施以同情。有劣势却没有不公正情况存在，甚至会适得其反，还可能让人幸灾乐祸，因而无法达到唤起人们的正义感和同情心的目的。在劣势上渲染不公正的色彩的一种方式是在不公平的劣势中加入人情味。人们不会轻易同情大街上的一名流浪者，但如果人们知道这名流浪者的名字和故事，那么这就有点人情味在其中了，人们更有可能认为流浪者的遭遇是不公正的。

3. **努力而非能力**。成功创造一个劣势者形象的第三个条件是要强调努力而非能力。这就意味着弱势者必须看上去在为了成功而努力拼搏，而且成功是齐心协力的结果，而非弱势者具有超乎寻常的能力。这样做的目的是制造一种实至名归的感觉，没有努力就不值得拥有成功。

第 7 章

通过羊群效应加快传播

跟很多人一样，在周五的晚上，我喜欢点外卖。我家附近有一条路，那条路上有很多餐馆，所以我一般都会去那里买外卖餐。这条路的独特之处在于，七家餐馆彼此挨着，卖的都是差不多的菜品——马来西亚式中国菜。我喜欢这种类型的亚洲食品，所以我通常都会选择其中一家餐馆。这几年来，我尝遍了每一家餐馆，我可以证明，他们卖的都是货真价实的美味佳肴。但奇怪的是，其中一家餐馆总是人满为患，另外六家却总是空荡荡的。这并不是因为价格的差异、餐厅评价的好坏或是食品是否更加美味。真正的原因让人大跌眼镜。

这家餐馆之所以生意更红火，是因为它是最小的。里面只有四张小桌子，周五晚上要吃外卖餐的人不得不在外面的大街上排队。过来吃饭的人看见有六家餐厅空荡荡的，另外一家外面有很多人在排队，他们就会认定人们都在排队的那家餐馆肯定有更加美味的食物或是其他尚未了解的好处，因此也会跟着排队。而实际上，从其他餐馆点餐也是合乎逻辑的。

当人们对事情感到不确定时，想要降低错误决定带来的风险，他们就会跟在别人后面亦步亦趋，这就是“羊群效应”。

从众是人类行为的一个有趣特征。当我们周围的人都在哈哈大笑时，我们也不由自主地跟着他们一起笑。或者周围的观众都在鼓掌，我们也会跟着他们一起鼓掌。在很多场合中，我们很难做到不受他人影响。

在社交媒体和互联网中，羊群效应对品牌而言十分有益。哈佛商学院的迈克尔·卢卡（Michael Luca）研究发现，在评级网站上，餐厅只要多一颗星，营业收入就会增长 5%~9% 左右。为了降低购物风险，人们往往会看看其他人从类似的购物经历中得出了怎样的结论，作为自己购物的参考。

从表面上看，羊群效应似乎是微不足道的，但有时它却具有悲剧性的摧毁力量。大型公众集会上发生的踩踏事件就是羊群效应在起作用，人们看到别人在慌慌张张地逃跑，于是自己也加入其中，相互推挤最后导致伤亡。每年频繁发生的溺水事件中也能看到羊群效应的影子。人们在无人管理的危险区域游泳，只是因为“其他人也在那里游泳”。

如果传递的信息是消极的，那么羊群效应就会产生难以阻挡的破坏性作用。纽约大学斯特恩商学院的路易斯·卡布拉尔（Luis Cabral）和他的同事们做了一个研究，他们发现，一条负面评价就会让销量降低 13% 左右，如果人们看见一个人对产品或服务不满意，那么负面评价就可能上升 25%。这些数据有力地提示了品牌商们，社交媒体是一柄双刃剑——用好了，受益无穷；用坏了，后果很严重。

从吉姆的穆兹利之谜看稀缺的力量

吉姆很小的时候就懂得养生之道。比起蔬菜和水果，吉姆学校里的大多数孩子都更爱吃快餐、喝汽水，吉姆却与众不同。不幸的是，吉姆的父母不喜欢健康饮食，所以吉姆不得不自己学着做健康的食品。而且，吉姆特别擅长做一种叫作穆兹利的东西。多年以来，吉姆在一个破旧的本子上记下了自己独特的穆兹利食谱，本子的封皮上写着“吉姆的特色美食穆兹利食谱”。食谱中有夏威夷果、麦卢卡和石榴、印加梅子椰丝、辣味巧克力酸奶梅子，等等。

高中毕业后，吉姆找到的第一份工作是在当地一家餐馆当快餐厨师，为人们供应早餐。他当然很厌恶做自己不喜欢的菜品，于是说服老板将自己别具一格的穆兹利也放在菜单上。他的提议获得了不错的反响——事实证明，家乡人也是喜欢健康饮食的。餐馆渐渐声名远播，人们都知道这里的早餐既美味又健康。镇子里最有名的一家饭店的大厨注意到了吉姆，将吉姆收作学徒。吉姆学习了如何打磨他的厨艺，数年之后，吉姆成了这家饭店的厨师长。

每个厨师长都会告诉你，所有饭馆都面临一个挑战：一方面要保证餐厅有足够的食材，另一方面要保证餐厅的食材尽可能新鲜，在这两方面要保持一定的平衡。吉姆熟知大多数菜品所需的食材数量，却并不知道为自己的穆兹利餐订购多少食材。每天的早餐菜单上都有五种不同的穆兹利，月底时吉姆会淘汰最不受欢迎的穆兹利，并将自己笔记本上另一种口味的穆兹利放在菜单上。这样做有一个问题，即他无法估计每种食谱所需的食材数量。一种穆兹利在这个月不受欢迎，在下个月却大卖，或者在这个月需求旺盛，下个月却无人问津。

吉姆十分疑惑，他不得不找到问题的症结所在。他觉得是副厨们改动了每一批穆兹利的食谱，于是首先询问了他们。副厨表示，他们是一字不差地按照食谱准备的菜品。他之后又询问了饭店的工作人员，看看不同的月份来就餐的人是否存在差别。调查之后，他一无所获。最后，为了破解这个谜题，他决定对早餐时点穆兹利的客人观察一番。

饭店每天早上六点开始供应早餐。吉姆早早地到了饭店，帮助自助餐厅经理做些准备。每种食物都盛放在一个大的玻璃罐里，罐子里有个铁勺，旁边的纸板上写着口味和配料。自助餐厅经理向吉姆解释道，月初新上菜品时，他就会将新的菜品放在最右面，将其他的菜品都挪到左边。

顾客来来往往，吉姆一直盯着他的穆兹利。他留意到，食客们最喜欢的是右边新上的穆兹利。这与他之前的想法一样——某个月新上的穆兹利通常是最受欢迎的。早餐结束后，新上的穆兹利几乎分毫不剩。奇怪的是，其他种类的穆兹利几乎没人动，尽管至少有一种在上个月是大卖的。

吉姆想知道顾客喜欢新品穆兹利是否只是因为他们之前没吃过。但是这说不通，因为顾客们不大可能上个月也待在这里。纸板上或者周围的其他地方并没有标识牌来告诉顾客最右面的是新品穆兹利。

吉姆不知所措。

吉姆没能破解这个难题，这让他很失望。他决定下个月再去餐厅观察一下情况是否有变化。他又一次早早地到了餐厅，帮经理做了些安排。当往柜台上摆放盛放穆兹利的玻璃罐时，他发现了一个上次没有注意到的细节。他发现，罐子中的穆兹利数量不等。他特别注意到，这个月新上的穆兹利比其他的穆兹利更少些，上个月大受欢迎的穆兹利比其他的穆兹利更多些。

他想，这应该没什么要紧的，不过他产生了一种直觉。有没有可能每个罐子里穆兹利的数量会反映它受欢迎的程度？他打算做个小实验。他把所有的罐子都拿到后厨，用勺子把几个罐子里多出的穆兹利盛出来，直到罐子里穆兹利的数量跟其他的罐子相同。他又从其中的一罐中多盛出几勺穆兹利，让这个罐子中的穆兹利最少。最后，五个罐子中的穆兹利数量相等，一个罐子中的穆兹利比其他罐子要少些。

顾客开始出现在餐厅，吉姆躲在角落里仔细观察他的穆兹利。不久，吉姆就发现了不同寻常之处。几乎所有的食客都选择了量最少的那种穆兹利，即便这并不是本月的新品，甚至不是上个月最受欢迎的穆兹利。这让吉姆十分好奇。

吉姆没有意识到，他所观察到的是人们对于稀缺事物的心理反应。吉姆的每一种穆兹利都有独特的风味。夏威夷果、麦卢卡和石榴、印加梅子椰丝、辣味巧克力酸奶梅子听上去都很有趣，或许也很美味，但是在没有品尝过任何一种口味的情况下，食客们很可能不确定应该选择哪一种口味。因为食客们之前没有吃过穆兹利，而且没有人想为自己的选择感到后悔，所以为了避免不确定性带来的风险，他们会寻找一些线索，帮助他们做出决定。最明显的线索就是其中一个玻璃罐子里的穆兹利比其他的罐子里更少。食客们可能认为，其他人可能了解这种口味的穆兹利，而自己却对此一无所知。于是他们可能会得出结论，因为这个罐子中的穆兹利更少，那么这种口味的穆兹利就一定更加美味，进而产生滚雪球效应——一种穆兹利消耗得越快，就越受欢迎。

所以（正如吉姆观察到的），为什么一种新的穆兹利第一次开售时总是最受欢迎的，而下个月就变成了最不受欢迎的？

副厨们为了避免浪费，会少做一些新品穆兹利。自助餐厅经理知道新品穆兹利很快就会被吃光，所以只在罐子里放入一半穆兹利，以保证食材的数量能撑到月底。他没有意识到的是，他这样做是在加速食材的消耗。下个月时，副厨会将这种穆兹利增加一倍，认为它会继续受欢迎。餐厅经理会将罐子装满，他并未意识到，这样做其实是将这种穆兹利推向了无人问津的境地。结果就是，新品穆兹利在推出伊始很受欢迎，下个月就变得不受欢迎了。食材无法消耗导致了浪费，所以吉姆摸不清自己究竟需要进多少食材才合适。

很多病毒式广告的成功都源于羊群效应——人们的行为具有从众性。稀缺是导致从众行为的因素之一——当人们不确定应该做什么时，他们会认为其他人掌握了自己不掌握的信息，然后就会照着其他人的方法行事。

雷·克拉克是如何让人们吃汉堡包的

1955 年，雷·克拉克（Ray Kroc）在伊利诺伊州德斯普兰斯的麦当劳连锁店外面挂了一块牌子，上面说已经卖出了 100 多万个汉堡包。他注意到销量突然增加了，所以决定在所有的麦当劳连锁店外都挂一块这样的牌子。一年过去了，麦当劳卖出的汉堡包超过了 500 万个，八年之后卖出的汉堡包已经达到 10 亿个。

1994 年，麦当劳的管理层宣布

他们不再计算卖出的汉堡包数量了，因为估计总数已经超过 990 亿了。标明汉堡包销量的策略有力地提升了销量，那时的麦当劳是世界最大的汉堡包餐馆，向 119 个国家的 6800 万顾客提供餐饮服务。雷·克拉克这个曾经在芝加哥卖纸杯的小子，建立起了一个商业帝国。

不确定做什么时，人们就会按照他人的方式行事，从众行为就发生了。“社会认同”能证明有很多人都会以确定的方式行事。一个网站上面会有当前的顾客名单、证明书和近期购买商品的人数。这种社会认同能够影响新访问者的购买倾向。

> **社会认同**
>
> 为了降低不确定性，人们会照搬群体的行为。社会认同是群体行为的佐证。

人们可以创造性地使用社会认同。巴西成衣零售商 C&A 将数字计算器嵌入衣架中，让顾客看到 Facebook 上有多少人在它们的页面上点了赞。Hotel.com 网站会显示在过去的几个小时中预订了旅馆某一个房间的人数。现买美酒（Naked Wines）会展示不同的酒有多少回头客。每一个例子都使用了社会认同来减少消费者的不确定性，促使人们做出购买的决定。

无论是小小的马来西亚式中餐馆还是大型的餐饮连锁店，人们都会参考他人已有的做法，减少购物的不确定性。羊群效应能够有力地促使人们做出决定，并促进信息的传播。

关系网对信息传播的促进作用

2012 年 3 月，慈善组织“被遗忘的孩子（Invisible Children）”发布了一个微电影，讲述了一名叫作约瑟夫·科尼（Joseph Kony）的非洲武装民兵首领在乌干达至苏丹地区强征儿童兵，犯下残忍的罪行的故事。短短两天，视频浏览量就达到了4300万。

关于科尼的这部电影之所以能够迅速地广泛传播，其中一个原因是名人效应。奥普拉·温弗瑞（Oprah Winfrey）在她的Twitter上加上了“#科尼2012”的主题标签，是第一个公开对此事表示关注的名人。这个影片共获得了20位名人的关注和代言，其中包括乔治·克鲁尼（George Clooney）、安吉丽娜·朱莉（Angelina Jolie）和奥普拉，还有12位政界人士，包括乔治·布什（George Bush）、康多莉扎·赖斯（Condoleezza Rice）和约翰·克里（John Kerry）。

这部电影揭示了对于病毒式内容传播而言极为重要的一点。电影之所以能够迅速传播，一方面是人们对名人权威的尊重在起作用，另一方面说明人与人之间是相互联系的，社会结构也为信息的传播提供了便利。病毒式内容要想获得成功，需要一个“种子计划”，即把可分享的内容放到预设目标受众容易看到的地方。一些人传播信息的能力远超过其他人。一些网络和群体传播信息就更容易了。种子计划决定了内容病毒式传播的程度和范围。

> **种子计划**
>
> 将新内容展示出来或放在特定的地方，促进该内容在人与人之间的传播。

人们都处于关系网中。一群人因为共同的兴趣和爱好联结在一起，就形成了关系网。我们中的大多数人至少属于一个关系网，尽管很多人都属于不止一个关系网，包括家庭关系网、工作关系网、俱乐部或是教堂团体等。有时我们所属的关系网可以受我们的意志支配，也就是说我们能够控制我们在其中的身份，比如朋友圈。有时我们无法决定自己的关系网，比如我们不能选择自己的同事。所有的关系网都能够促进成员之间的沟通。如果我们是关系网中的一员，那么我们就会在这个关系网中与其他人沟通。

当我们“播种”可分享的内容时，关系网就显得很重要了，因为关系网能够促进分享行为的发生。可分享的内容能否获得病毒式传播，取决于它的“播种”方式。如果把可分享的内容放在一个人数很少的小关系网里，或者将内容传递给了某个关系网中并不关注该内容的受众，那么内容成功传播的概率就会大大降低。选择正确的关系网来“播种”内容非常重要，因为如果想让内容病毒式传播，那么传播的速度一定要快。如果传播速度过慢，传播就会过早停止，关系网络的作用就无法有效发挥。病毒式内容在传播初期的传播速度越快，内容就越不容易夭折。

“ **意见领袖**
备受关注、有很多追随者的人。”

很多人将 Facebook 的迅速推广和最终的成功归功于其传播方式。它首先在哈佛大学学生中传播，后来又传到了其他大学。某个大学人人皆知 Facebook，那么用不了多久它的邻校也就知道 Facebook 的存在了。有趣的是，最先接受 Facebook 的是常青藤大学，这说明收入和教育水平是影响 Facebook 传播的两个因素。

人们使用计算机模拟程序来模拟关系网，图示类似于自行车车轮。每一幅图都有一个中心枢纽，辐条代表人与人之间的联系。关系网具有中心枢纽的原因在于，关系网中一个或几个人往往比其他人有更广的人脉。他们可能是领导、组织者，或者只是很受欢迎的人。处在中心枢纽的人被称为“意见领袖”。他们通常人脉很广，能够在某种程度上影响他人。人们往往很重视意见领袖的话，意见领袖往往有很多追随者。当然，也会有些辐条呈十字交叉状，联结着关系网中非意见领袖的普通人。

以上图示的关系网还有一个显著特征，“辐条”能够把两个轮子连在一起。这代表拥有一个以上关系网的人。比如，某人是教堂团体的成员，同时也是一个汽车俱乐部的成员。我们将这类人称作“桥梁”，他们可以将两个关系网联系起来。

> **桥梁**
> 在不同群体中有多重身份的人。

知道这些为什么很重要？很简单，意见领袖决定病毒式内容的传播速度，“桥梁”决定内容的传播范围。要想成功“播种”一个病毒式内容，你需要知道如何让这两种人分享你的内容。

有时找到一位意见领袖很容易——比如一家公司的首席执行官或一个队的队长，但有时就没那么容易了。他们常常有很多观众，比如博主、名人或是记者。你可以使用 Klout 等工具找到意见领袖，因为意见领袖通常在社交媒体上有很广的人脉。一旦找到意见领袖，你的任务就是让他们支持或分享你的病毒式内容。可以给他们一些好处，或者尝试着跟他们建立牢固的关系。

对"桥梁"施加影响，让他们把你的内容分享到新的关系网中。最有效的方式是让你的内容遍布现有的关系网，因为在几乎所有的关系网中，"桥梁"都远多于意见领袖。理想的情况是在某个关系网中的"桥梁"同样也是其他关系网中的意见领袖，这样就能促进内容在不同关系网之间的传播。然而，情况却并不总是如此，最能影响病毒式内容传播的人往往不是最有影响力的人，而是最容易受影响的人。

反羊群效应者

当内容已经有了病毒式传播的势头，其他人看到内容是如此受欢迎，那么羊群效应就会在此时发生作用，就会助推内容的传播。但这是一个鸡生蛋、蛋生鸡的问题。你需要社会认同让你的病毒式内容一炮打响，但是社会认同产生的前提是有很多人已经在分享内容了。羊群效应的作用是双向的——如果人们看到其他人分享，那么他们更有可能会分享，但如果他们没有看到别人分享，那么羊群效应会让你事与愿违。

解决这个问题的一种方法是聚焦关系网中的超级意见领袖，在这些人中"播种"你的内容——超级意见领袖是那些备受推崇、能够影响他人行为和态度的人。这些人通常不会盲从，他们是引领潮流的人，是"反羊群效应者"。

创新者

第一批尝试新鲜事物、敢于冒险的人。

反羊群效应者不盲从，并以此为傲。实际上，他们总是特立独行，与众不同。埃弗雷特·罗杰斯（Everett Rogers）有一套创新理论传播的学说，他将一些人称作"创新者"。这些人是第一批尝试新技术的人，并且能够影响他人对于新技术的态度。反羊群效应者同时也是引领潮流的人，能够影响年轻群体的文化和时尚偏好。

反羊群效应者通常是第一批接受新生事物的人，并因此感到自豪。他们希望在同辈人的眼中，自己是能够驾驭一切、对时尚和潮流了然于胸的人。他们能够引领潮流，而不是随波逐流。他们总能在慈善商店中找到稀罕的衣服，或开着罕见而独特的车，或去别人做梦都想不到的国家。因为他们总是特立独行，所以他们总想先于其他人找到有价值的东西。他们就像掘金者——对于他们来说，稀有和独特就是价值所在，他们会非常努力地寻找这样的东西。

人们因反羊群效应者的特质而对他们产生兴趣，而且往往会对其敬佩有加。人们认为这些人是时尚潮流专家，并钦佩他们不走寻常路和我行我素的行事风格。想想 20 世纪 70 年代的“性手枪（Sex Pistols）”乐队。他们反对一切，但颇具讽刺意味的是，他们塑造了迄今为止仍有影响力的年轻人文化。

> **反羊群效应者**
>
> 不从众、以特立独行为傲的人。

反羊群效应者之所以厉害，有以下两个原因：其一，如果他们知道自己是第一批了解某个优质内容（你的病毒式内容很酷，对吧？）的人，那么他们就有可能分享该内容；其二，他们在关系网中有很强的推荐能力，说服力也不一般。

让反羊群效应者对你的内容感兴趣，主要的方法是让他们知道这个内容是极为稀罕的。反羊群效应者是掘金者。对他们而言，稀缺就是价值所在。尽管每个人都爱稀罕物，但与他们相比，反羊群效应者更注重稀缺的价值，而不会盲目从众。

最近，利用稀缺性吸引反羊群效应者来助力内容早期传播的一种现象是

“预发布”。这是新兴企业正式发布产品之前惯用的策略。主要目的是在某款应用发布之前通过让尊享会员提前预览的方式为其创造网络口碑。如果这款应用前景足够光明，那么反羊群效应者就会跃跃欲试，希望成为第一批使用的人。

照片分享应用 Hipster 就是一个不错的例子。在产品发布之前，为了加大宣传力度，这家新公司在旧金山放出消息，一个很酷的东西将要登陆旧金山湾区。这引起了人们的兴趣，不久之后各大博主和媒体人士就开始猜测这个东西是什么。Hipster 网页上只有一个主页，上面是一张表格，人们可以填写自己的邮箱地址，让自己成为受邀的客户之一。如果留下邮箱的人能够邀请三个朋友，那么他们就能享有更多的服务。网站在短短的两天内就吸引了 10 000 人。

另外一个例子是一个叫作 Lifepath 的应用，它能记录生命的轨迹。这款应用最初只是邀请人们在应用发布之前购买一张“门票”。这种稀缺性让人们产生了“此物不容错过”的错觉，并成功地吸引了数以千计的人。距离发布日期越近，门票就越便宜。还有一点值得注意，当“票”价为 10 美元时，注册的人反而比“票”价仅为三美元时多。这其实是另外一种人为策略，叫作价格-质量诱导法。人们会用价格判断东西的质量——人们认为，东西越贵，质量就越好。当人们看到价格更高的时候，就会觉得质量也更好，所以更有可能注册成为用户。

反羊群效应者对于病毒式内容的早期传播具有关键作用，因为他们易受珍贵而稀缺事物的影响，并能有意识地拒绝从众。反羊群效应者具有影响力，能够助力病毒式内容的早期传播，在内容还不为人所知时就去分享它。一旦病毒式内容开始迅速传播，广为人知，那么随着越来越多的人分享，社会认同就会助力内容的进一步传播。

你的观点并不属于你

2015 年 4 月下旬，一个故事占据了各大新闻媒体的头条。两名澳大利亚的毒品走私犯因试图从印度尼西亚向澳大利亚走私 18 磅[①] 海洛因，将在印度尼西亚被处决。他们面临着被枪毙的命运，行刑时间是凌晨，地点是一处偏僻的海滩。经过了一遍又一遍上诉，法庭依然维持原判。政客甚至摇滚歌星向印度尼西亚总统发出个人请愿，希望能够留下两个人的性命，但仍然无济于事。2015 年 4 月 29 日凌晨 3 点 25 分，海湾的枪声响了，昭示了两人的命运。安德鲁・陈（Andrew Chan）和缪兰・苏库马朗（Myuran Sukumaran）被执行了死刑，每人心脏处都中了三颗子弹。

全球各大媒体都报道了这两人被行刑的消息。每一篇报道都在社交媒体上引发了热烈的讨论。人们分成了两派——有人同情他们的遭遇，认为他们不应被处以极刑；其他人认为他们罪有应得，因为走私毒品是情节恶劣的犯罪，这些人理应清楚这样的风险。

有意思的是人们是如何因观点的不同而分成不同派别的。对于事件的事实性描述并不多，大多数报道都是换汤不换药的。有些新闻报道下方的读者评论大意都是二人罪有应得；其他报道下面的读者评论则在为二人开脱，认为他们罪不至死。但是没有任何一则报道下方出现了褒贬参半的评论。尽管这些新闻报道的是近乎相同的事实，但是报道下方的评论却明显不同。

① 1 磅≈ 0.454 千克。——译者注

群体思维

某个人将群体观点作为自己观点的现象。

是什么导致了观点的两极分化？原因在于，人们基于群体的倾向形成他们的态度和观点，我们称之为“群体思维”。

当一群人在某个观点上达成共识时，群体思维就出现了，尽管群体中的个体可能持有不同的观点。对群体的决定或观点持有异议的人通常会保持沉默，因为他们不想扰乱群体内部的和谐。更重要的是，他们不想遭到群体的憎恶。所以，人们习惯于接受群体普遍持有的观点。

很多群体聚会的目的就是达成共识，所以每个人都倾向于放弃自己的观点，迎合群体的意见，即便有几个成员都认为某种不同的观点是正确的。这样做的危险在于可能导致决策失误。

总有人会持有与群体不同的意见，但总体而言人们都会采用群体中绝大多数人的观点。当群体决策失误时，就会让公司和整个国家陷入荒唐之中。比如，很多人认为1986年发生的挑战者号航天飞机失事事件就是群体思维的恶果。工程师明明知道低温发射的危险，却还是听从了美国国家航空和宇宙航行局官员们坚持发射的集体意见。航天飞机在升空73秒后爆炸，航天员无一生还。

群体思维可以助力有创造性的内容获得病毒式传播。如果大多数人认为某事物有价值，那么其他人也会相信它是有价值的。但是在广告中利用群体思维有时也有很大风险。正如那个在学校备受欺负的小孩，当你已经处于不利境地时，就不大可能再受欢迎了。一旦你的病毒式内容引起了消极的反应，那么再翻盘就不大可能了。如果凌弱者是一个意见领袖，那就更不好办了。

新闻报道中利用人间苦难进行营销的公司并不能真正为受难者提供帮

助。一旦病毒式广告制造了道德层面的两难困境，那么群体思维就很可能产生了。

比如，日本发生里氏九级大地震后，必应（Bing）承诺，转推一次必应捐赠承诺的链接，日本的地震受害者就会获得必应捐赠的一美元。这就制造了道德上的两难境地，负面的群体思维席卷而来。人们抱怨道，必应将自然灾害当成了营销噱头，这迫使必应放弃了这种方式，最后捐赠了 10 万美元，并且向公众道歉。消极的反应像病毒一样传播，这对于品牌的杀伤力是无法衡量的。

令人吃惊的是，以“转发”或“赞”来换取捐款在广告中很常见，这很有可能制造道德层面的两难困境。棒！约翰比萨（Papa John's Pizza）几乎犯过跟必应一样的错误，它提出，每点赞或转发一次，就捐一美元给饥饿儿童。韩国起亚（Kia）汽车为了获得 Facebook 上的点赞，承诺向世界展望会捐款。社交媒体上的网友对这两家公司大加挞伐，指责它们将自然灾害当作营销良机。

群体思维的出发点是好的，但对于病毒式广告而言可能也有些杀伤力。营销人员需要小心谨慎，不要制造可能激发消极群体思维的道德困境。如果人人都说你不好，那么你再想变得受欢迎就难如登天了。只需要一个意见领袖对你资本家式的行事风格表示抗议，你就可能面临积毁销骨的危险。

当你想到我们有时可能会产生强烈的从众愿望，你就开始质疑我们为何如此乐意让别人左右我们的行为。大多数人都更愿意相信命运由自己掌控，但事实往往并非如此。

羊群效应能够让病毒式内容迅速传播。如果一个病毒式内容缺乏迅速传播的势头，那么它很快就会面临夭折的命运。

羊群效应源自不确定性。如果我们不确定应该做什么，我们就会寻找帮助我们做出最佳选择的线索。如果其他人以某种方式行事，那么我们就会假定他们知道我们不知道的事情。我们就会照猫画虎，以此作为掌握未知信息的捷径。

如何利用羊群效应

你可以选择“种子计划”提高分享的可能性。重要的是，你应该将内容“播种”到合适的关系网中，这样做能够提高病毒式内容广泛传播的概率。

1. **选择关系网**。第一步就是找到一个合适的关系网，“播种”你的内容。应牢记以下三个标准：

   （a）选择的关系网中必须有很多人（最少 1000 人）；

   （b）无论从心理变量还是人口统计变量上看，关系网中的成员必须关系紧密；

   （c）不同的关系网之间在日常交流方面的频率和数量必须相近。

心理变量包括个性特征、价值观、态度、兴趣和生活方式。人口统计变量包括地理相邻性、年龄、收入水平和教育背景。一个关系网中的人们关系越紧密，你的内容被分享得就越快。举个例子，大学生在三个变量上关系紧密：他们年龄相仿；彼此之间交流频繁，而且有很多共同的兴趣；他们的朋友圈也更大。当你考虑选择一个合适的关系网时，你的内容、品牌与关系网的相关性也是十分关键的因素。

2. **选择对的人**。下一步就是选择关系网中能够帮你传播内容的人。一开始就找到反羊群效应者自然是最理想的状况。反羊群效应者有更大的关系网、更大的影响力，可能比关系网中的其他成员更擅长社交。反羊群效应者有时会在一个关系网中处于领导地位，但并不总是如此。可以使用 Klout 等工具找到关系网中影响力较大的人。一旦确定了一个反羊群效应者，就可以用一定的奖励让他们分享你的内容。奖励本身可以是货币或者其他形式。重要的是，反羊群效应者不想被人看作盲从的人，所以一定要在内容开始传播之前就尽早确定反羊群效应者的人选并与之接洽。

3. **注重社会认同**。当你的内容开始传播之后，羊群效应就会促进内容的分享。当你的内容开始传播时，羊群效应开始显现，随着越来越多的人分享内容，分享的速度会越来越快。社会认同能够制造羊群效应。诸如“分享”“赞”“转发”这样的知名度指标是社会认同最突出的形式。比如，YouTube 上某个视频的浏览量一旦超过某个值（一万以上），就会以几何级的速度增长。社会认同的另外一种有效的形式是媒体报道。如果你的内容足够有趣，或是显现出病毒式传播的苗头，那么就会迅速引起媒体的注意。任何媒体的报道都会促进内容的病毒式分享。应该关注媒体上重要人物的 Twitter，并且将任何一个看上去能够吸引眼球的内容告知给他们。

第 8 章

认识群体差异，树立口碑

2015 年初，塞西莉亚·布里斯戴尔将一条裙子的照片通过邮件发送给她的女儿格蕾丝，格蕾丝就要结婚了。塞西莉亚打算穿这条裙子出席女儿的婚礼，希望听听女儿的意见。

格蕾丝打开邮件，看了看照片，她感到十分惊讶。她让每个出席婚礼的人都穿深颜色的衣服，但是在她母亲发来的照片中，裙子是白金相间的。她心里想：这可不行啊。格蕾丝叫来了她的未婚夫基尔，让他过来看一眼。他瞟了一眼照片，冲他的未婚妻做了个鬼脸："玩笑开得不错啊，亲爱的。你母亲穿着这条蓝黑相间的裙子一定非常漂亮！"格蕾丝轻蔑地说："你在说什么？这明明是白金相间的裙子！"

争论的焦点出现了。

格蕾丝婚礼上的一名歌手十分好奇，为什么面对同一条裙子，人们会说出不同的颜色，婚礼之后的周一，她决定把这张图贴在她的汤博乐（Tumblr）页面上。截至周四，页面每分钟的浏览量达到了 140 000 次，这简直令人难以置信。一周之内，页面的浏览量达到了 7300 万，下面的评论共 483 000 条。互联网上一半的人认为裙子是白金相间的，另外一半认为它是蓝黑相间的。

世界因为一条裙子的颜色而疯狂！

蓝黑白金之争

我敢说，你一定遇到过坚信自己是对的而别人是错的这种情况。类似地，另外一个人也觉得自己是对的，而你是错的，于是你们开始争论。你们中肯定有一个人是错的——但是你们两人谁都不愿意承认自己是错的。那么问题来了，你们两人为什么都不愿放弃自己的立场？

斯坦福大学的克莉丝汀·劳林（Kristin Laurin）和她的同事们揭开了谜底。在进行了一系列实验之后，他们发现，对于自己所坚持的立场，人们总是想方设法将其合理化。他们采取的方式是自我安慰并说服他人自己的立场是正确的。例如，与伴侣关系不佳的人总会跟人争辩说他们与爱人之间的关系还不错，因为他们知道两人的境况不大容易改变；即便在外人看来，两人还在一起简直就是个奇迹。当某人认为自己的境况是不可改变的，他们就会尽可能合理地描述这个境况，让境况看起来可以让人忍受。我们经常能听到他们这样反驳："噢，如果我改变的话可能会更糟。"或者"一切都会好起来的。"这样做的结果就是，人们能够说服自己：别人是错误的，自己才是正确的。

> **合理化**
>
> 人们避免自身行为或思想不合理或令人难以接受的倾向。

对某个情形做出合理化说明是导致裙子颜色之争的主要原因之一。当人们看到一条白金相间的裙子时，他们很难接受别人看到的是蓝黑相间的裙子。因为他们无法改变他们所看到的事物，所以就会论证自己的想法是合理的。人们坚称自己看到的才是正确的颜色。在裙子颜色之争初期，两个群体开始了激烈的争论——其中一个群体认为裙子是白金相间的，另一个群体认为裙子是蓝黑相间的。在争论中，人们会热切地寻找"盟友"。每个人都想着“我想知道我的朋友 / 女朋友 / 男朋友认为这件裙子是什么颜色的”。人们正是基于这个原因去分享图片的。当科学家们开始为裙子之争提供理论解释时，此事就从一个人们感兴趣的争议变成了一个全球性的新闻事件。

营销要抓住人的群体属性

西班牙啤酒品牌猫牌生力（Mahou-San Miguel）希望提升品牌知名度。它们的目标市场是 18~50 岁的男性群体。马德里一场即将到来的足球赛为它们提供了营销的良机。比赛双方是马德里竞技足球俱乐部（Atlético Madrid）和皇家马德里队（Real Madrid）。

猫牌生力开发了一款手机应用，里面有一张城市街道地图和一个小测试。测试中的问题与大家喜欢的足球运动有关。每正确回答一道测试题，用户就能够得到一定的分数，他们支持的球队就会加分。这款手机应用使用地理定位确定答题者的位置。手机应用的用户如果能够答对测试题，他们所在的街道就会“获胜”。答题失败的用户所在的街道在地图上的颜色就会变成胜利一方街道的颜色。反败为胜的唯一方法是比对方答对更多的题目。尽管这个活动只持续了两个星期，马德里的街区反复被战胜超过 80 000 次。活动取得了巨大的成功，被媒体提及 3600 万次。

这款应用将马德里市民按照对足球俱乐部的偏好分成了两个群体，这种做法无疑非常成功。应用的高明之处在于，它让用户产生了一种实实在在的感觉：作为球队的一员与对手抗争的感觉。每一支队伍“攻占”城市的一部分之后，用户就会得到关于队伍力量对比变化的实时反馈，这就为用户继续使用应用提供了强大的动力。

我确信，在人生的某个时间点上，你一定是某个运动队、俱乐部或是教堂等群体的一员。思考人们为什么需要加入某些群体是很有趣的事。在人类历史的早期，对于群体的归属能够保障个人的生存。在群体之中，人们更容易获取食物，对抗威胁。孩子依存于某个群体时，存活下来的可能性更大，能够保证基因的延续。

猫牌生力广告的成功说明，人们愿意维护群体的观点。当人们是某个群体的成员时，他们就会极力维护群体的价值观念和他们加入群体的理由。对于参与猫牌生力广告活动的人而言，对某个足球俱乐部共同的热爱将人们联结在一起。人们需要说明加入某个群体的正当性，手机应用恰恰创造了这样一种途径——他们支持某个球队，正是出于他们对球队的热爱。这就是猫牌生力广告的高明之处——手机应用为每个群体的所有成员提供了一个综合性的平台，让他们得以守卫自己的地盘。人们参与的意向是一种原始的本能。

在猫牌生力广告的活动中，人们可以选择支持哪支球队，所以他们在球迷中的成员身份是自主的。但是在裙子颜色之争的双方中，成员身份是不容人们自主选择的，因为人们无法选择他们看到的颜色。当成员身份的选择不由自己决定时，人们会说明自己成员身份的正当性。维护成员身份的动机就是这种正当性说明的结果，人们告诉自己要保持忠诚，因为他们的成员身份无法改变。

除了都是病毒式内容之外，猫牌生力广告和裙子颜色之争的共同点还在于它们能够把人分成两组，并可以让每一组成员都能维护群体的价值观念。在裙子事件中，人们坚持的是他们眼中裙子的颜色。在猫牌生力广告中，人们想要维护的是他们支持的球队。当一个群体中的成员极力维护维系群体的纽带时，他们就会寻求他人的支持。随着交流的增多和扩大，群体中的成员团结在一起，就会造成一定的影响。正是这种影响促成了基于群体的病毒式内容的传播。

认识固定群体差异

2014 年，宝洁公司推出了一则爆红广告《像女孩一样》。迄今为止，该视频已被分享了 200 万次。视频质疑了“女孩就应该有女孩的样子”这种观念。视频说明，“像女孩一样”这种说法不仅是贬义的，而且会伤害女孩的自信。

广告开头是一个舞台，制作人员坐在台下。男女演员一个一个地走上舞台试镜。他们的年纪在 12 岁到 20 岁左右。

导演要求每个演员“像女孩一样跑”。演员们在原地跑，他们笨拙地摇动着胳膊，甩着步子，样子十分可笑。之后，导演又让他们“像女孩一样打架”。演员模仿猫的抓挠动作和掴掌动作，喜剧色彩十足。最后，导演要求他们“像女孩一样扔球”。演员们的动作还是那样蹩脚和搞笑。没有人询问“像女孩一样”究竟是什么意思。他们只是按照猜想中导演想看到的样子去做。

在接下来的一幕中，几个小孩子一一被请上台做相同的事情。这次却有所不同，当导演让孩子像女孩一样跑时，小戏骨在原地迅速地跑起来。当导演让他们扔球时，孩子们就把自己变成了棒球选手。当导演要求孩子们像女孩一样打架时，他们就表现得像拳击运动员一样。这些小男孩和小女孩并不理解“像女孩一样”到底是什么意思。

《像女孩一样》这则广告描述了“固定群体差别”，即一个人是否成为一个群体的成员，并不受自己掌控，自己也无法轻易改变。西海岸 / 东海岸、年轻 / 年老、素食者 / 肉食者，这些都是固定群体。其中的成员无法轻易改变他们的身份，或者说他们无法自主选择他们的成员身份。固定群体和自主群体形成了鲜明对比，后者的成员可以选择加入或不加入群体，目的性更强，而且可以轻易改变成员身份，比如运动队或政党。

> **固定群体差异**
>
> 两个或多个群体的成员身份无法自主选择或难以改变（例如男 / 女、年轻 / 年老）。

引起不同固定群体之间的争论，在群体成员寻求支持的同时促进信息的分享，一种方法是质疑他们与众不同的理由。由于成员身份不能轻易改变，成员们就会为其成员身份找到正当的理由，并且会极力维护这个理由。人们认为女人跟男人的行事方式不同，这让《像女孩一样》广告中的女性感到不安和愤怒。“像女孩一样”这个概念通过制造争议让人们质疑女性与男性的差异，群体中的成员在讨论这个问题并寻求他人支持的过程中，会自然而然地将内容分享给他人。

裙子颜色之争也是类似的道理。人们看到两种颜色中的一种，尽管这并不是由他们自己选择的。

两个群体各执一词，他们给出的理由直接受到了挑战，因为一个群体看不到另一个群体能看到的。人们感觉到必须分享这个内容并做出相关评论，因为其他人看不到他们所能看到的，这简直让人难以置信。

群体是推动内容病毒式传播的中坚力量。人们倾向于维护自己在社会群体中的成员身份，这是一种原始的本能。营销人员如果能够了解并在广告中充分利用这一点，就能有效地促进内容的传播。当成员身份不能轻易改变时，人们就会试图将自己的成员身份合理化，并愿意维护它，这就能够触动网民发声。在这个过程中，人们会传播争论的焦点，一传十、十传百，以固定群体为依托的营销广告就会如同病毒般传播开来。

如何利用群体促进病毒式内容的分享

人们是社会动物——大多数人都想加入群体之中。他们加入某个群体，可能是自主选择的结果，也可能不是（固定成员身份）。无论自主与否，当维系群体的事物受到挑战时，群体的成员都会据理力争。当加入某个群体的理由受到质疑时，或是整个群体受到挑战时，群体就会团结起来进行反击。当群体中的成员寻求彼此的支持、希望证明其成员身份的合理性时，分享就发生了。

利用群体促进病毒式内容分享的步骤如下。

1. **划分你的受众**。第一步就是在你的目标市场中找到彼此独立、规模庞大的若干群体。群体之间必须存在很大的差异，差异大到能够引起众多网友为之发声。找到合适的划分界限对于一些品牌而言相对容易。一个冰雪体育运动用品零售商可能会将目标市场划分为单板滑雪者和普通滑雪者。一家教育公司可能将目标市场划分为大学生和研究生。但是对于很多品牌来说，目标市场的分界线并不明显，因此问题更多。一个可行的选择是寻找固定群体差异。最显著的差异就是性别，但是也可以有其他的选择：生活方式、地理位置、年龄或家庭状况。每一个群体都必须有足够多的成员。要确保每一个群体的规模足够大，这样才能产生有意义的对比。

2. **确定将群体成员维系在一起的纽带和群体差异**。在广告宣传开始之前，一定要确认将群体成员维系在一起的纽带是什么。通常情况下，这种纽带正是将不同的群体区分开来的因素，虽然这并不是一个普适性的结论。对于某个运动队的热爱将这个运动队的忠实粉丝联结在一起。他们与其他群体的不同之处是对运动队的偏好。但是想想单板滑雪者和普通滑雪者的区别。无论是热爱单板滑雪的人还是热爱普通滑雪的人，都喜欢从冰雪覆盖的山上滑下来的那种感觉，因此维系两个群体的纽带是一样的。两个群体的差别在于文化。有人说单板滑雪文化体现了一种溜冰者的反抗精神。普通滑雪文化更加内敛一些，有点像自行车运动。在这个例子中，群体之间的文化差异比维系群体成员的纽带更加明显。值得注意的是，你发现的纽带或差异对群体成员来说都应该十分重要。单板滑雪者和普通滑雪者可能在时尚方面有不同的品位，但是他们应该不会因为衣服的样式而陷入争论。
3. **提出一个争论的焦点**。一旦确认了维系群体成员的纽带或是群体差异，下面就要挑战这种差异了。对于一家从事高等教育的公司而言，维系研究生群体成员的纽带可能是人生经验。维系大学生群体成员的纽带可能与他们刚刚成年后的社会经验有关。这两个群体在维护其成员身份的过程中产生的争论焦点可能是智慧。研究生很可能坚持认为他们的人生经验更丰富，所以要更有智慧。大学生刚刚尝到了成为成年人的甜头，他们获得了久违的自由，可能不喜欢别人把他们当成天真或者幼稚的人。争论可能会由这样的问题引起："我们谈到生活的艺术时，究竟谁才是最明智的？"重要的是，争论的焦点必须是双方都感兴趣的。如果只有一个群体对某个争论焦点感兴趣，而另一个群体对此漠不关心，那就不会产生激烈的争论了。
4. **使用一种能够给让每一个群体参与争论的机制**。猫牌生力广告成功运用了一款手机应用让每个群体中的所有成员参与活动。如果争论的焦点能够以可分享的图片或视频的形式表示，那么社交媒体也可以提供基本的工具，促使群体成员参与争论。

在使用固定群体差异时要格外小心，注意不要冒犯他人。有一些群体成员的划分有一定的风险性，比如根据种族或者社会经济状况将人们分为不同的群体，如果选择这样的划分方式，一定要小心谨慎。

两个群体之间存在一定的不对等是正常的，广告中也可以体现出这一点，但如果其中的一个群体认为其与另一群体的差异并非不公正的体现，那么广告中就最好不要体现这种差异。如果群体认为你的品牌做广告是为了哗众取宠，那么他们维护群体的热情就会变为对品牌的攻击。显然，应该避免以种族和宗教为标准划分群体的短视行为。

第 9 章

学会制作病毒式营销视频

YouTube 上浏览量达到 100 万的第一个视频广告是耐克公司制作的。2005 年 10 月，也就是 YouTube 创立的第九个月，这则广告火了。

视频广告中，巴西足球运动员罗纳尔迪尼奥（Ronaldinho）收到了一双新的耐克足球鞋。他坐在草坪上，穿上新鞋，然后站起来，继续玩足球。他用脚颠球，然后用头顶着足球，之后把球踢到球门横梁上。最令人叹为观止的一幕是罗纳迪尼奥在距离球门 100 米处把球踢出，球从顶部横梁上反弹回来，在球落地之前他竟然重新控球。他这样操作了很多次。

那时，人们认为这则广告具有颠覆性的意义。从那以后，广告商纷纷模仿这则广告的创意，在耐克自己的广告中，也有几次使用了这样的创意，只不过是请了不同的明星来做广告。

视频广告的困境与出路

在互联网诞生之前，在电视上做广告是很容易的事。电视台数量有限，几乎所有人都看电视，人们没有办法快进或跳过广告。直到 20 世纪 80 年代中期，大部分人甚至都没有遥控器，所以只能忍受电视广告，除非他们想从沙发上站起来活动活动。无论人们是否喜欢，营销人员的广告都能吸引他们的注意。

然而，情况变了。现在，人们能够相对轻松地避开广告。广告拦截器、快进和关闭按钮都能让消费者避开广告。

耐克请罗纳尔迪尼奥做的广告，不仅创造了浏览量超过 100 万的奇迹，同时也重新定义了数字视频广告的基本结构。2005 年，罗纳尔迪尼奥广告出现之前，广告商们还在思考把电视广告的模式套用到网络视频广告中。因为网络视频广告没有模板，成功的广告也屈指可数，所以几乎所有的网络视频广告都在延续电视广告的风格。

电视广告的风格有很多种。在所谓的“现实主义”风格中，广告向观众展示一个他们熟悉的生活场景。洗发水广告一般采用这样的风格：女孩留着一头卷发，她用某个产品洗了头发之后，头发神奇般地变得又顺滑又有光泽，女孩开心地笑了。在纪录片风格的广告中，品牌的员工会发表对于产品的见解；在电视采访风格的广告中会出现一系列产品用户的访谈；电视剧风格的广告更有戏剧色彩，几个广告像电视连续剧那样相继播出。

耐克推出罗纳尔迪尼奥广告的前后，营销人员开始意识到几件事：第一，电视广告的风格并不能照搬到互联网广告中；第二，网络用户能够轻松避开互联网广告；第三，最重要的一点是，网络上的广告能像病毒一样传播。

大部分营销人员都想创造出人们真心想看的广告，但显然，这是有一定困难的。困难主要在于相关性和如何让潜在用户看到广告。如果我想去日本度假，我就十分欢迎那些去日本的打折机票广告。如果你的广告被不想看到广告的人看到了，那么他们不仅会对广告心生厌恶，同时，你的品牌概念也会受损。实际上，如果广告不受欢迎，广告商就等于是花钱买罪受。

病毒式营销视频及其结构

互联网广告自产生以来历经了漫长的发展过程。营销人员经过不断试错，寻找广告病毒式传播的原因，最终找到了一种适用于互联网的视频广告风格——这种风格能够以正确的结构尽可能地吸引人们的注意力，让人们主动分享广告。我们将其称为“病毒式营销视频（BVMP，读音是 bump）”。

> **病毒式营销视频**
>
> 被设计用来获得病毒式传播的视频。

BVMP 的指导原则是，广告是广告商和消费者之间价值交换的过程：“你花了宝贵的时间看我的广告，作为交换，我就会在广告中以积极的方式展示一种能够对你有所影响的东西。”这与传统的广告思维不同，传统思维是：“我声音大、与众不同，你就会关注我。”人们不想听到噪音，人们绝不会因为噪音而去分享你的广告。BVMP 的设计就是为了促进分享，减轻人们的厌恶心理。

具有“改造性”的结构是 BVMP 的主要特征之一。改造性类型的广告能够驱使观众去想象使用某个品牌产品时的体验、感觉和情绪。这与信息性类型的广告形成了明显对比，后者的焦点在于产品的特征。比如，耐克推出的罗纳尔迪尼奥广告能够让观众想要了解穿着耐克足球鞋会是什么样子，穿着这双鞋能够怎样出色地表演各种足球绝活儿。传统广告中通常会给出产品的详细信息，比如足球鞋的材质、技术，此外还会鼓励消费者购买，网络广告中就没有这样的信息。尽管改造性广告在互联网产生之前就存在，但值得指出的一点是，大部分在互联网上病毒式传播的广告或多或少具有改造性。只有市场上的买家才会关注传统广告中出现的产品信息。当然，也会有些例外，比如布兰泰（Blendtec）的《搅拌一切可能（Will it Blend?）》系列广告，其中它的品牌创始人汤姆·迪克逊（Tom Dickson）将苹果手机和高尔夫球等不寻常的东西放在搅拌机里看看会发生什么。总体而言，大部分互联网视频广告都是具有改造性的。

BVMP与传统电视广告的另外一个显著区别是前者使用记叙性的故事叙述方法。以故事的形式来设计广告，就会对更多人产生吸引力，无论这些人是否会购买产品。相对而言，对传统电视广告心存厌倦的消费者厌恶改造性广告的可能性更小。

回想一下你上次亲眼目睹的交通事故。你可能忍不住去看究竟发生了什么。你的大脑试图了解这件事情的意义，这样，你就不会犯同样危险的错误。相较信息性广告，人们更易被改造性广告吸引，其中的科学原理与人们了解周围世界的愿望有关。学术文献中有这样一种普遍的观念，即人类，或许还有其他具有发达神经系统的动物，能够将自己对于世界的理解转化成可以帮助自己理解生活的故事。故事基本都有开头、经过和结尾。开头交代故事发生的背景，结尾说明事件造成的冲突是如何解决的。如果你在半夜听到了奇怪的声音，你就会去寻找声音的来源，如果找不到，你很有可能睡不着。只有解决了问题，把事情搞定之后，你才会感到轻松。如果你发现只是猫从窗户爬进来发出的声响，故事就结束了，你就可以去睡觉了。

> **改造性广告**
>
> 能让观众感受到广告故事中的气氛、感觉和情感的广告结构。

想想我们之前提到的洗发水广告。如果在广告中给出产品信息，比如配方、特色和价格，消费者就会对每条信息进行评估，会权衡这个产品是否适合他们。如果他们不是目标受众，广告与他们不相关，那么他们就会得出结论，认为产品是不适合他们的，就会跳过广告。但是，如果广告具有改造性，讲述一个故事，故事中的女孩在使用了这款洗发水后在工作中获得了更多的好评，人也更有活力了，那么观众就会禁不住去想象他们自己用了洗发水后是否也会有同样的效果。当你激发了别人的想象力，你就能够触动他们的记忆和情感，让他们感受到广告传达的信息，而不是挑广告的毛病，这就是改造性广告。

故事能够影响人，所以临床心理学家也会用讲故事这种方法去治疗心理创伤患者。心理学家认为，心理创伤不仅与事件造成的压力有关，还与人们过后如何应对事件造成的影响有关。换句话说，心理创伤与受害者如何认识和解读事件有关。诸如离婚、职场受挫等不幸事件会让当事人一遍又一遍回想发生了什么，以期找到事件发生的原因，并从中悟出些道理。如果人们无法从事实中悟出道理，找不到一个令他们满意的故事结局，那么他们就会备感压力。在心理治疗阶段，心理医生会让患者讲述他们的故事，有时会让他们把故事写下来，帮他们梳理事件的脉络，让他们从积极的视角理解事件。

托多洛夫（Todorov）的叙事框架描述了改造性故事的模式。框架分为三部分：平衡——不平衡——新的平衡。故事的开头是平衡状态，一切正常。之后一件事发生了，成为扰乱平衡状态的外力。故事的结尾会提出一种解决方案，消灭外力，让故事达到新的平衡。大多数电影都遵循这样的套路，在音乐视频甚至歌曲中也能见到这样的模式。这是讲故事的基础。

让我们看看我最喜欢的一部影片《心灵捕手》（*Good Will Hunting*）是如何运用这个框架的。

影片开头，威尔［马特·达蒙（Matt Damon）饰］和查克［本·阿弗莱克（Ben Affleck）饰］坐在酒吧里跟朋友们谈笑风生。之后，观众看到的是波士顿城的剪影和人们生活的场景。镜头又切换到威尔和查克身上，两人在开车。随后，观众看到了麻省理工学院的课堂，里面很多学生在听兰博教授［斯特兰·斯卡斯加德（Stellan Skarsgård）饰］讲课。这就是平衡：所有的一切都是本来的样子，都是正常而平静的。

兰博教授头一天在黑板上留下一道极其难解的数学题，第二天发现教室之外的某个人解出了这道题。此时，故事就变得有意思了。解出题目的正是学校的清洁工威尔。威尔是个问题少年，总是四处闲逛，打架滋事，最后被送进了看守所。这就是不平衡，威尔的人生突然陷入了混乱。

兰博教授做了些安排，让威尔接受他的朋友西恩·马奎尔［罗宾·威廉姆斯（Robin Williams）饰］的心理治疗，以此代替坐牢。最后，威尔做出了改变，并下定决心寻找自己曾经深爱的女孩，结尾处，威尔的背影消失在夕阳中。一切又恢复了平静——这就是新的平衡。

毫不奇怪的是，耐克推出的罗纳尔迪尼奥广告也使用了这样的故事结构。短片开头，罗纳尔迪尼奥默默地坐在草坪上穿足球鞋。背景中的运动场是空旷的，其他球队的队员们在慢跑着练习传球。这是平衡状态。

之后，罗纳尔迪尼奥站起来，用脚把球挑起来，开始展示他的球技。当他开始将球踢向球门横梁时，他对球技的演绎渐入佳境，他把球踢出去，球又弹回来，反反复复，球始终没有着地。观众为此惊叹不已。这就是不平衡状态。

最后，罗纳尔迪尼奥把球传给给他鞋子的人，球技展示就结束了。他跟这个人握了握手，一切回归正常，平衡状态回归——这是新的平衡。

我在这只是举了两个例子，其实，本书探讨的所有病毒式广告几乎都使用了这种故事讲述的基本模式。这应是所有病毒式广告制作的出发点。

如何将品牌融入广告中

哈佛大学的泰勒斯·特谢拉（Thales Teixeira）和他的同事们进行了一项研究，得出的结论很好地回答了广告商面临的最大问题：品牌应如何融入广告？这个问题之所以如此重要是因为广告中存在一个悖论：在广告中，如果品牌过于突出，人们就会不再关注或者跳过不看这个广告。但是如果品牌在广告中只是昙花一现，人们记住的就是广告而不是品牌了。如何在二者之间寻求平衡，是广告商一直以来都面临的挑战——找到一个中间地带，广告既能吸引人们的注意力，又不让他们感到厌烦，同时还要让人们记住品牌。

泰勒斯·特谢拉和他的同事们发现，解决上述问题的最优方式是将品牌以一种微妙的形式贯穿于广告中。也就是说，让品牌在广告中断断续续地短暂出现，而不是仅在开头或结尾出现一次。比如一则汽车广告——一辆新车快速地在蜿蜒的道路上行驶，途中的风景优美如画。镜头在享受驾驶体验的司机和远处的汽车之间切换。切换的过程中，方向盘或引擎盖上的品牌标识匆匆闪过。采用这种微妙的品牌植入形式，人们跳过广告的可能性比在广告开头或结尾处展示品牌低 10%。

贴士

让品牌在广告中断断续续地短暂出现，而不是仅在开头或结尾出现一次，能够降低观众关掉广告的可能性。

泰勒斯的研究凸显了一个需要花大力气解决的问题：当人们意识到自己在看的是一则广告时，就倾向于关掉广告并拒绝分享。查尔斯·亚当斯（Charles Adams）在 20 世纪 60 年代的一项研究表明，那时的人们每天平均接触 560 条左右的广告，他们注意到的广告平均仅为 76 条。近现代一些更新的研究也得出了相似的结论。多年来广告的“狂轰滥炸”已经让人们形成了看到广告就避之犹恐不及的习惯。你面临的挑战是不仅赋予人们看广告的动力，也要让他们对你的广告心存感激。

营销人员很早就意识到，要让广告为消费者所接受，他们就不得不思考互联网广告应如何制作。即便到了今天，大部分病毒式视频都是我们所谓的“用户生成内容”，一般是某个人用手机拍下来视频，可能是关于一起交通事故、滑板炫技或是一只宠物猫，画面摇摇晃晃的，内容却很有吸引力。营销人员以用户生成内容为起点，看看能否在广告中使用同样的结构。早期，营销人员在广告中隐去品牌，模仿用户生成内容，用这种方式进行病毒式营销视频制作。

这其中不乏使用欺骗手段做广告的商家。他们让观众认为，广告是用户生成内容，而非品牌生成内容。其中，第一批这样做的就是电影《古怪因子》（*The Wackness*）的宣传片。影片开头是夜色中的伦敦白金汉宫，画面抖动，一看就是用手机拍摄的。屏幕左下方显示了一个网址 kingtag.com，说明影片可能是由一个地下组织拍摄的。一个穿着套头衫的男人出现了。他和一个朋友在一起，这个朋友就是拍摄这段视频的人。画面随后又转到白金汉宫，宫外的一队士兵在巡逻。卫兵走过之后，其中的一个人翻过护栏，跑到了宫殿前面，躲在阴暗处。他拿出一个喷漆罐，开始在宫殿前部涂鸦。两人在卫兵过来之前翻过护栏，匆匆逃走。最后一个镜头是他们的“杰作”——涂鸦的内容是“古怪因子”。

尽管这个招数依靠争议性内容达到让视频病毒式传播的目的，但这种手段也带有欺骗性，让观众觉得视频是用户生成的内容而非由专业团队打造。他们希望观众能够对涂鸦的内容感到好奇，随后去互联网搜索“古怪因子”是什么意思。为此，他们还特意建了一个网站，里面有电影的预告片和其他信息。这个视频确实产生了一定的宣传效果，但却从未像制作者们期待的那样，达到病毒式传播的程度。在 YouTube 上，这个视频仅有 11 000 次的浏览量。

这则广告失败的主要原因就在于它的欺骗性。一个假的网址贯穿片子始终，这就说明广告是虚假的，而且人们很容易发现这一点。这个消息在互联网上迅速传播，网友们都说这个恶作剧是刻意安排的。观众发现恶作剧并不真实，他们就觉得受到了欺骗，这就斩断了视频被分享的所有可能。

贴士

不要利用欺骗手段，让观众误认为你的广告是用户生成内容而非品牌出资打造。

马克·“艾克”·迈尔科夫斯基（Marc ‘Eckō’ Milecofsky）为宣传其品牌“犀牛（Eckō Unltd）”也用了类似的恶作剧方法。视频中，他爬上机场护栏，在总统专机“空军一号”的一侧涂鸦。所谓的“空军一号”不过是他在租来的一架波音 747 飞机涂上了颜色，看起来像“空军一号”而已。他在飞机的一个引擎上涂上了“依然自由（Still Free）”几个字。视频中有一个网址 StillFree.com，里面给出了关于这场恶作剧的更多信息。这个恶作剧的浏览量达到了 80 万次，这个成绩比《古怪因子》好多了。策略之所以在这则广告中奏效，是因为视频并没有欺骗观众，说这并不是一则广告。欺骗本身就是恶作剧。此外，“犀牛”品牌为人们所熟知，这个恶作剧跟品牌嘻哈风格的涂鸦非常契合。

不要欺骗观众，不要对他们说你的广告不是广告。一个较好的策略是让你的品牌成为故事中的一个角色。19 世纪，弗拉基米尔·普洛普（Vladimir Propp）在研究中提出了故事中的六种角色：

1. **英雄（主角）**。故事的主要角色，行为令人敬佩。
2. **坏人（反派角色）**。试图作恶的角色。
3. **神助**。赋予英雄神力的角色。
4. **派遣者**。派遣英雄完成任务的角色。
5. **假英雄**。一开始跟英雄同仇敌忾，但实际上属于反派或欺骗过英雄的角色。
6. **帮助者**。协助英雄回复平衡状态的角色。比如英雄的好友。

成功的视频广告通常包括一种以上的角色。在耐克广告中，罗纳尔迪尼奥扮演英雄的角色，给罗纳尔迪尼奥足球鞋的人就是派遣者。但重要的是，品牌也充当一个角色——耐克充当了神助的角色，为罗纳尔迪尼奥提供了“有魔力”的球鞋，让他能够表演炫酷的足球技能。

相对于将品牌作为故事角色，依赖骗术博取眼球就显得低端多了。在

《古怪因子》和“空军一号”广告中，品牌并没有扮演有意义的故事角色，因此不能充分融入故事情节。

爆红广告《LG 流星恶作剧（LG meteor prank）》就将品牌作为一个角色。广告开头，两人抬着一个箱子，箱子里装着 LG 超高清电视。他们把电视带到一个办公室，打开箱子，把电视放在一个桌子后面，代替桌子后面的玻璃窗。电视具有超高清的分辨率，展示的城市景观看上去与从窗外望去的实景无异。

之后，两个人忙着在办公室安装隐藏摄像机。

在恶作剧中，一家公司组织了一场假的求职面试。面试官亲自参加了这场恶作剧。每个求职者走进办公室后，面试官都会介绍自己的身份，然后请求职者坐下。电视上显示的是城市的风景，正如你在任何一间办公室能看到的窗外风景一样。LG 超高清电视显示的图像非常清晰，“窗子”外的风景看上去十分逼真。

之后有趣的事发生了。求职者正在面试时，窗外一颗巨大的彗星从天上划过（其实是电视中的假象），发出一阵巨响。彗星如此之大，看上去要摧毁外面的城市。求职者惊慌地站起身，满脸诧异地指着彗星，想找个地方藏身却找不到。面试官也配合着这出戏。彗星爆炸，发出一声巨响，灯全灭了。在灯重新亮起之前，求职者一直在黑暗中摸索。之后，广告制作者从走廊走进来，告诉求职者们这是个恶作剧。

《LG 流星恶作剧》很有创意，同时也向我们示范了如何将品牌融入广告中。与耐克广告一样，LG 品牌也扮演了神助的角色，为整个恶作剧的展开提供了“魔力”。让品牌在病毒式营销视频中扮演角色，就要将品牌的益处融入故事情节中，而不是单调地介绍品牌的特色。

在广告中创造尽可能多的情感峰值

回想一个有趣的单口喜剧。成功的喜剧人总能够妙语连珠，笑话不断。他们知道，只要你开始长篇大论，人们就会失去兴趣，你在舞台上就死定了，所以他们总是让他们的“哏”简短有力。

喜剧人之所以说一连串短小精悍的笑话，是有充分原因的。单个笑话的效果持续不了多久，所以喜剧人就需要赶紧用另一个笑话扣住观众的心弦，继续吸引他们的注意力（如图 9-1 所示）。

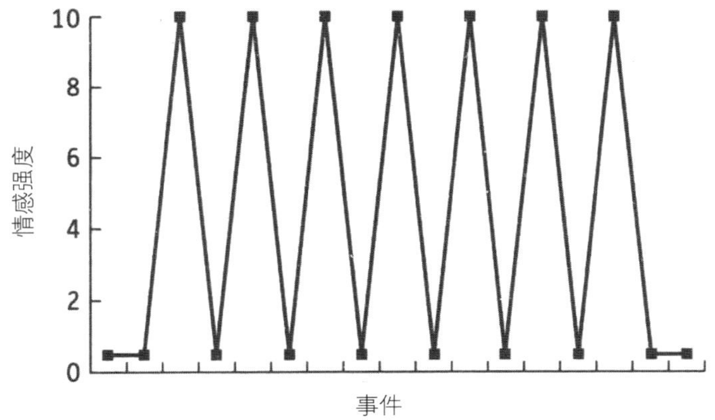

图 9-1　视频广告提升观众参与度的情感峰值

想象一下，我们将喜剧演出中观众发笑的时间节点绘成一个线形图，图 9-1 中的峰值就代表观众发笑的时间节点。发笑的时间节点与喜剧人讲笑话的时间节点应该是吻合的。峰值的数量可以衡量喜剧表演是否成功。

病毒式广告也是同样的道理。广告影片的目的是在尽可能短的时间内制造尽可能多的情感峰值。这能够持续吸引人们的注意力。如果两个峰值间隔过长，那么人们很可能就不再继续关注了，也不会去分享广告。就像喜剧表演一样，为了持续吸引人们的注意力，短期内必须为观众创造接连不断的情感体验。

病毒式营销视频类型的广告，情感峰值出现的频率远大于传统电视广告。传统电视广告结构通常在开头埋下伏笔，然后一步一步向前推进，以事实的揭露或妙语的显现结束。传统电视广告通常只在结尾处出现情感峰值。

与传统电视广告不同，病毒式营销视频类型的广告有特定的模式，旨在创造尽可能多的情感峰值。创造情感峰值最容易、最普遍的做法是对影片进行剪辑，目的是制造一种一个个短剧拼接起来的效果，每一个短剧都能唤起情感反应，合起来后能够讲述一个完整的故事。

《LG 流星恶作剧》就采用了这样的方法。视频时长为两分钟。恶作剧的发生只用了不到 30 秒。这一幕结束后，视频中出现了所有求职者在视频关键时段的集体反应，而没有将每一个求职者从最初的介绍到恶作剧结束时的个人经历都体现出来。比如，恶作剧开始时，求职者一个接一个地走进来，做自我介绍。下一个关键阶段是面试的情况，10 秒钟之内，每一名求职者都经历了面试过程。接下来的一个关键阶段是恶作剧。视频以摄像机的视角展示了每名求职者看到彗星出现在电视上的反应，这只用了 30 秒。最后一幕，求职者被告知这是一场恶作剧。这种将视频剪辑成一系列短小的关键片段的方法叫作“组块”。整个影片被剪辑成一系列一至三秒钟的镜头，将每一名求职者的经历组合到关键的片段中。可怜的求职者们囧态百出，引人发笑，故事本身短小精悍，趣味十足。

嘉士伯啤酒公司（Carlsberg）在《与文身大汉一起看电影》这则分享超过 100 万次的爆红广告中也运用了组块的手法。广告开头，隐形摄像机拍下了人们购买电影票时的情形。之后，镜头切换到已经购票并且就座的人们身上。但是座位上的观影者不是一般的观众——他们是有文身的大块头，凶神恶煞地坐在那里，气势凌厉。这很显然是一群不好惹的人，整个电影院只剩下两个空座位——这两个座位正好在这群人中间。想坐这两个座位的人必须从这些凶悍的人中间挤过去，然后坐在他们中间。

当几个普通人走进电影院，想要找座位的时候，好戏开始了。电影院的入口处在下方，进来的人必须站在这些满脸怒气的观众前面寻找他们的座位。

广告经过剪辑，展示了走进电影院的人们的反应。走进电影院的每一对观众身上都会发生一个小故事，每个故事都有笑点。有的人扭头就走，其他人站在那里，不知所措。还有几个胆子大的，小心翼翼地走过大块头们，坐到自己的座位上。这让观众们禁不住好奇，如果自己碰到这样的事该怎么办。

最后一幕揭晓了那些勇敢就座的人的结局。座位上的彪形大汉为这些人欢呼，并递给他们一瓶嘉士伯啤酒。与《LG 流星恶作剧》类似，片子使用了组块的方法，每一幕只有短短的几秒钟，所有被恶作剧玩弄的人在同一幕中依次出现。

用情感体验抓住观众

我在网上搜索某个问题的解决方法时，总是无意中发现一些 YouTube 视频也在搜索结果中，声称能够解决我的问题。问题是，大部分情况下，我更喜欢看网页中列出的文字说明，因为我没有足够的耐心去看一个视频。当解决方法以文字说明的形式出现时，我感觉自己更能把控所吸收的信息，能够很容易地判断出这是不是我所需要的信息。但是，看 YouTube 视频的时候，我发现自己不得不等待某个指导者慢慢地切入主题，或者说，起码我会担心自己在等待中耗费很多时间。最糟糕的情形是，我要等待五分钟才能得到我想要的答案，这可是不短的时间啊！最理想的情况莫过于视频中的人用一句话告诉我如何解决问题，没有任何介绍、背景、准备过程和他们家猫的照片……但恐怕这永远不会发生。

你之前可能听说过——时间是人们最宝贵的资产。正因如此，只要人们开始看视频，他们所做的第一件事就是评估一下这个视频是否值得他们花费宝贵的时间去看。如果视频看上去与他们毫不相关或者十分乏味，那么人们就不会继续忍受了，也就不再看了。视频必须在开头的几秒之内给人留下深刻的印象，不然就会失去观众。

吸引人们的注意力，让人们驻足观看美妙的广告，其秘诀在于要牢牢地“钩”住观众。最佳方式莫过于在视频开头就让他们产生某种情感体验。让他们有所思、有所感，他们就会继续保持看视频的兴趣。

但是在视频开头创造情感体验并非易事，正如本章之前提到过的，故事开始时必须有一种平衡状态。故事开头的平衡状态交代了故事发生的背景和语境，便于观众理解之后发生的事。当一切都处于平静状态时，加入情感因素非常困难，而在平衡阶段又恰恰如此。

但方法还是有的——创造期待。我在第 4 章探讨了期待的力量，但现在我想着重谈谈两种能在视频开头就吸引观众的有效因素，即“悬念”和“好奇”。

悬念是对重要事情发生的一种期待心理，好奇是加强了的迷恋或兴趣。这两种因素都能集中观众的注意力，让他们期待获得更多的信息。这能让他们一直看下去，直到视频中出现情感峰值，人们就水到渠成地记住并分享视频。

本章之前探讨过的几个视频都在开头使用了制造悬念或好奇的手法。大众汽车（Volkswagen）推出的分享量达到 80 万次的爆红广告《认真看路》也是如此。视频开头，隐藏摄像机拍摄了观影者在电影院就座时的情形。视频的画质和拍摄角度让观众不禁去想，为什么要偷拍这些去看电影的人。镜头随后切换到摆放在暗室中的一个样子奇怪的电子设备。然后，镜头又对准那些去观影的人，他们已经就座，正在观看广告，等待正片开始。这是一则汽车广告，将观众置于司机的位置上，模拟开车的情形。

镜头又切换到了之前的神秘设备。暗室中，几个人正在操作这个设备，人们逐渐了解到，这是一种类似传送器的设备。操作者打开设备，配置、调试了一番。镜头接下来重新对准正在观看汽车广告的观众们，突然，有几个人的电话响了。暗室中搞恶作剧的人用他们的设备向手机上开着蓝牙的人们发送了信息。观影者在口袋里摸索着，找到手机后，他们开始读这些信息。当他们看手机的时候，广告中的汽车突然偏离路线，直接撞上了一棵树。屏幕上出现了一条信息，提示观众在开车时使用手机是交通事故致死的首因。

视频只有制造强烈的情感反应才能让观众沉浸其中。实现这个目的的唯一方法是尽早吸引观众的注意力。然而，故事开头的平衡状态往往会限制情感因素的引入。制造悬念或兴趣可以打破这个限制。大众汽车的《认真看路》广告成功地在开头吸引了观众的注意力，让观众好奇接下来会发生什么。悬念中进一步加入了情感因素，如震惊，在开车时碰过手机的人或许还会感到悔恨和愧疚。

用非线性时间场景吸引观众注意力

如果故事具有线性时间脉络，那么故事情节就会按照时间顺序从头到尾地推进，我们的实际生活也遵循这样的时间顺序。非线性时间故事并不按照标准的时间顺序推进，比如，一个故事可以采用倒叙的方式讲述，或是在回到现在之前让人们瞥一眼未来发生的事。

本章中探讨的很多视频广告中都有非线性时间场景。但是，在广告中颠倒时间顺序时要格外小心，不要让观众产生不必要的疑惑。通常而言，比起非线性时间场景，人们更容易理解线性时间场景。比如电影《记忆碎片》（*Memento*），采取的叙事方式是未来——过去——现在——未来，时间线索让人迷惑不解。再加上一个有健忘症的主角，故事情节就更显曲折了。这种结构对于观影者或许有些吸引力，但是在广告中没有任何考验观众理解能力的余地。广告越复杂，被分享的可能性就越小。如果广告过于复杂，人们就放弃了。

然而，非线性时序也是有些用处的，视频广告通过情节的迅速推进，能够很快吸引观众的注意力，对他们产生更大的影响。通常情况下，之前本章提到过的托多洛夫叙事框架更倾向于选择非线性时序。或者可以这样理解，要保证你的视屏广告遵循托多洛夫叙事框架（见图 9–2），那么就要使用非线性时序。

图 9–2　托多洛夫叙事框架

爆红广告《百事可乐杰夫·戈登驾驶测试》的分享量达到了 270 万次。视频中，赛车手杰夫·戈登乔装拜访一位汽车商，想要试驾一辆雪佛兰科迈罗汽车（Chevy Camaros）。故事开头，杰夫刚刚开始试驾，汽车商坐在副驾位置上。与托多洛夫叙事框架一致，开始时一切都处于平衡状态，只是在一个汽车经销商那里寻常的试驾罢了。顾客开始玩汽车漂移，故事迅速进入不平衡的阶段。当司机开始兜圈时，故事的高潮开始了，汽车商不知究竟发生了什么，开始躁动不安。

恰在此时，为了让观众理解眼前的一切，时光倒流（非线性时序）了。过去的一幕发生在化妆室里，观众明白了，原来这个顾客实际上是杰夫·戈登扮演的。杰夫乔装打扮后，就在汽车商的停车场转悠，然后，汽车商过来与他攀谈。当然，汽车商们对于潜在买家都是十分热心的，因为如果一个顾客对他们的车产生了兴趣，销售过程就变得容易多了。杰夫表现出对科迈罗很感兴趣的样子，汽车商说服杰夫试驾一下。

随后，视频又回到了不平衡阶段，杰夫像一个柏油马路上的赛车手一样驾车，把汽车商吓得魂不守舍。这段惊险的旅程结束后，汽车商和杰夫下了车，杰夫告诉汽车商这是一场恶作剧，最后，故事恢复了平衡状态。

《百事可乐杰夫·戈登驾驶测试》这则广告说明了时序改变很重要的一点。通过尽早吸引人们的注意力、创造悬念和好奇的方法，影片对人们产生了更大的冲击力。如果广告是线性的，按照从化妆室到汽车经销点再到试驾过程的顺序推进，那么开头的平衡阶段就过长了，观众可能就换台了。视频运用非线性时序，让时光倒流，很快吸引了观众的注意力。

贴士

如果你打算改变时序，那么一定不要打乱从平衡到新的平衡的叙事顺序。否则，人们看完你的广告会感到非常疑惑，他们不理解你的广告，也不会去分享。

自从营销人员发现病毒式广告这个概念后，广告的结构就发生了很大的变化。广告商不再满足于广告仅仅被人注意到——观众花费宝贵的时间去看广告，他们希望有所收获。交换价值是病毒式营销视频获得成功的关键。只有以积极的方式影响观众，才能促成交换价值的实现。

如何制作病毒式营销视频

将品牌融入一个极具分享价值的视频是很有挑战性的。消费者一旦发现他们看的是广告，就会习惯性地关掉视频。如果人们感觉你的广告毫无价值、看广告纯粹是浪费时间的话，那么人们就不会分享你的广告，你的苦心也就白费了。一个以在网上被人分享为目的的视频广告需要一种与传统电视广告不同的结构。病毒式营销视频类型的广告可以解决此类问题。

制作一则病毒式营销视频类型的广告，以下几个因素是必需的。

1. 编一个故事。在故事性很强的改造性广告结构中，应通过创造情感峰值吸引观众的注意力。人们喜欢听故事，所以广告需要通过讲故事的方式将价值传递给观众，让他们获得愉悦感和满足感。讲故事时要采用一种叙事框架：故事的开头是平衡阶段，后来外力破坏了平衡，最后故事又有了新的平衡。

2. **将品牌融入广告**。可以选择以下两种方法中的一种，将你的品牌融入广告：（1）品牌在广告中短暂出现，并断断续续地穿插在广告中；（2）将品牌作为故事角色融入广告中。我们更加推荐第二种方式（将品牌作为故事角色融入广告中）。这种方式比直接在视频场景中简短地呈现品牌标识更加含蓄、微妙。

   品牌角色的选择包含以下几种：英雄（主角）、神助或帮助者。如果你选择英雄作为品牌扮演的角色，那么品牌就在故事中扮演主角。这样做的弊端在于，品牌的角色过于突出，可能会产生问题。如果品牌的角色过于凸显，观众很有可能会认为这是该品牌赞助的电视广告，因此换台的可能性就更大。将品牌作为帮助者是另外一种选择，品牌可以通过某种方式解决矛盾。广告商通常使用这种模式，展示产品是如何解决顾客遇到的问题的。观众在一则洗发水广告中可能会看到这款洗发水是如何解决人们的头屑烦恼的。

   在这三种角色选择中，最佳的选择就是让品牌扮演神助角色。神助角色能够赋予主角神力，帮助他们实现目标。本章中提到的耐克的罗纳尔迪尼奥广告和《LG 流星恶作剧》广告中，品牌赋予了主角魔法，或是奇迹般地推动了故事情节的发展，从而将品牌和视频广告联系起来，唤起了观众的好奇心。如果品牌对故事的娱乐性起到关键性作用（品牌提供魔法），那么观众很可能会从故事中提炼出有价值的因素，对品牌产生积极的联想。无论你选择哪种策略，都要注意将重点放在使用品牌的好处而非品牌的实际特征上。人们关注的是品牌如何解决问题，使用品牌的产品能给他们带来什么益处，而不会去想品牌自身有哪些实际特征。

3. **故事结构中的情感因素**。你的视频短片应唤起人们的情感反应。故事的开头就应该以情感因素牢牢地吸引住人们的注意力。故事设计和剧本产生前就应构思好情感峰值出现的位置和频率。剧本产生后，再进一步优化这些因素。在故事串连图板上标注情感峰值可能出现的位置，这样你就可以用可视化的方式体现观影过程中可能出现的情感高潮。然后，试着估计一下峰值之间的时间间隔。目的是尽量缩短情感峰值之间的间隔。理想的状况是，情感峰值越多越好，间隔越短越好。如果你想用情感因素尽快吸引观众的注意力，尤其是当你选择的故事在开头有很长时间的平衡状态时，也许就要考虑使用非线性时间场景了。这对于一些故事类型可能是必要的，因为在平衡阶段创造情感峰值比在不平衡阶段创造情感峰值难多了。

4. **使用“组块”方法**。故事结构保持简洁、易懂，这点很重要。人们默认故事情节应该从现在向未来推进。如果在几个场景之间跳来跳去，人们难免产生混淆和疑惑。简化故事结构，同时制造情感峰值的一种方法就是组块，即把几个相同的元素组合起来，保证从平衡状态到不平衡状态再到新的平衡状态的平稳的线性过渡。《LG 流星恶作剧》就使用了组块的方法，在平衡阶段，所有的演员一个接一个地短暂出境。之后，不平衡阶段的片段也是一个接着一个整体出现的；新的平衡阶段亦是如此。结果就是，每个“块”中的每一个因素都能创造情感峰值，组合起来后，每个阶段都有很多情感峰值，而故事本身则保持了一种简洁的线性结构。

病毒式营销源于热爱与不懈追求

杰里在威尔士南部的斯旺西经营着一家小型肉店。肉店外面挂着一块牌子，上面写着“创办于 1869 年，供应高品质肉类和家禽产品”。杰里的父亲和祖父也是肉商，直到现在，他们供应的一直都是产自自家农场的肉类和家禽产品，杰里感到非常自豪。

现在的消费者都倾向于在大型连锁超市买肉，杰里和其他肉商的生意也受到了影响。杰里也曾怀疑现在的素食者是不是也比以前多了。同时，动物权利保护者最近几年经常在他的店面涂鸦，反对屠宰动物。如果没有最忠诚的顾客照顾他的生意，杰里怀疑自己可能早就破产了。杰里的肉店之所以幸免破产，是因为肉店声誉良好，出售的肉块质量较高，而且人们都知道，对于什么场合吃什么肉，杰里都会给出最佳的建议。人们光顾杰里的肉店，除了买肉之外，也是为了能够得到杰里的建议。

杰里的店是一家传统的肉店，他为人也十分传统。他当然听说过互联网和社交媒体，他甚至对此很好奇，但是杰里却用不好电脑。电脑经常让他产生挫败感，所以他让妻子梅布尔帮他操作。有一年圣诞节，杰里的一大家子都来他家吃午餐，他让未成年的侄女露西教他如何使用社交媒体。露西拿出了手机，打开了她的 Facebook："看见没，杰里叔叔？这个软件叫 Facebook。人们在这上面分享一些东西。"杰里一脸疑惑："分享一些东西？分享什么样的东西？"露西惊讶地看着他，那样子像是在看一只可爱的熊猫："呃……大家基本上都会分享照片。分享那些能让人们开心的东西。当我分享去年夏天我们一起度假时拍的照片时，Facebook 上的人就会点这个表示'赞'的按钮，有些人还会点另外一个表示'分享'的按钮。人们很喜欢这张照片，这让我感觉很棒。"杰里思索了半晌："也就是说，如果我有一张照片，别人很喜欢，他们就会分享给其他人？""是的！"露西说，"对了，千万别分享我们在海滩上拍的那张照片，照片里你没穿衣服！"

接下来的几天里，杰里一直在想他的侄女给他上的这一课。他想知道，自己在那个叫"Facebook"的东西上该分享些什么，能让大家喜欢并愿意分享。假期结束的时候，他有了主意。杰里养牛很有一手，而且他将切牛排的技术发挥到了极致，这点让他十分自豪。作为一名肉商，杰里最恼火的就是人们从他这里买了上等牛排却做不好，白白地浪费了牛排。最好的牛排很少见，牛排汁水多，外焦里嫩，中间部分的 75% 是红色的。品尝了杰里最好的牛排，那种感觉一辈子都忘不了！他一想到宝贵肉块因为人们厨艺欠佳而白白浪费，就感到特别揪心。他决定教教人们如何做出最好的牛排，并将其与用错误的烹饪方法做出来的牛排相比较。他想，人们当然想知道怎么做出最好的牛排。这个内容是值得分享的。

那天晚上，他把肉拿回家，将牛排切成大小相同的六块。他把第一块牛排做成了"全熟"——牛排里外都是褐色的。这块肉被浪费掉了——牛排发硬，而且食之无味。下一块牛排，他做成了“七分熟”。同样，杰里认为，这块好肉也浪费了。接下来，他将牛排做成了“五分熟”，牛排里面25%的部分还是粉色的。尽管很可口，但还不是最理想的。下一块牛排，他做成了“三四分熟”——中间部分的50%焦得发红，这就有点过了。随后，他做出了完美的牛排——中间部分75%是红色的，汁水横流，外焦里嫩，入口即化。最后，为了对比，他做了一块近生的牛排——外层是烤焦了，内层都是生肉，火候不足，难以咀嚼，吃起来像胶状物一样。他将每一块牛排从中切开，从侧面拍摄了照片，很清楚地展现出每一块中间红色区域的比例。在露西的帮助下，他将所有的照片拼成了一幅图，每一张照片下面都附上一段描述。之后，他让露西为他的肉店建立了一个Facebook页面，并上传了他的照片。由于杰里新建的Facebook没有任何关注者，露西建议将这张图放在有很多关注者的人的页面上。露西在Facebook上很快搜索了一下，发现了一个页面，上面肉食爱好者和素食主义者的讨论很是积极。堪称完美！他想，这应该很有意思。露西替杰里将这张图放上去，下面写了一句评论：“一直以来，你都是按照错误的方式在做牛排。”

第二天早上，杰里查看了一下Facebook群组，看看是否有人喜欢他的图。让他感到高兴的是，这张图得到了630个“赞”，被分享了87次。杰里不知道这是否是很大的数字，但他还是开心地笑了。露西是对的，在Facebook上被人点赞真的让人感觉很棒。

接下来的几周，杰里的图片被放到了Pinterest上，图片在这里真正走红了，被转发了25 000次，获得了3000个赞。这张图是那个月Pinterest上最受欢迎的图片之一。随着他的“一直以来，你都是按照错误的方式在做牛排”在网上广泛传播，杰里也成了当地的名人。人们将杰里称为“牛排伙计”，这对于杰里来说是一种尊称，因为他只是不想让人们再糟蹋牛排而已。

杰里并不是社交网站专家，但是正如这本书中的很多人物一样，他对人性有本能的了解，并且知道人们注重信息分享的价值。杰克（第 5 章）的摩托车店濒临倒闭，最后他之所以能够力挽狂澜，正是因为他发现相对于摩托车本身，人们更注重摩托车给他们带来的感觉。开花店的特雷弗（第 3 章）发现人们的情感决定行为。杰里和本书中的其他人物并非顶级营销人员，也没有获得过相关专业的学位。他们没有庞大的营销预算，也没有很多员工。他们就是普通人，只不过他们了解得到人们的关注后，如何进一步影响别人。这就是病毒式营销的第一课——只有人们真正在乎你的内容，他们才会分享。仅让人们产生兴趣或注意到你的内容是不够的，你一定要唤起他们的情感反应。你要以有意义的方式影响别人。

杰里将他的图片放在有素食主义者和肉食爱好者讨论的 Facebook 页面上后，图片迅速走红。他做肉商 30 年了，对反肉食主义极端分子的谩骂和攻击并不陌生。但是杰里不是去 Facebook 上报仇的，他只是想跟其他人分享他认为重要的东西。他想告诉别人如何烹制牛排，但直觉告诉他，要想让人们分享他的内容，就必须让人们在乎他的内容，因此他不得不找到一个人们关注的争议话题。当然，杰里图片下方都是肉食者和素食者分别做出的支持或反对的评论。格蕾丝（第 8 章）那张曝光过度的蓝黑或白金裙子图片成为全球性的争议话题。杰里也认识到，当人们为他们的处境做出合理解释时，他们就会感觉自己的生活很舒心。这就是病毒式营销的第二课——“播种”可分享的内容时，当人们的观念无法轻易改变，他们就会对自己为什么成为某个群体的成员做出合理化说明，因此，他们会维护对自己而言重要的东西。这就等于为内容的前期传播和后期的病毒式传播造势，这对于成功的“播种”

而言是必要的。

在本书的九个章节中，我讲述了几个诸如杰里牛排的励志故事。杰克告诉我们，帮助其他人实现梦想是多么重要。特雷弗告诉我们，遵从内心的情感会让人生臻于幸福的境地。厄尔诺·鲁比克告诉我们，机会来自坚持。克里斯·洛克告诉我们，在逆境中坚持下来是多么可贵。他们有一个共同点：他们发自内心地热爱自己的事业，这种热情能够感染别人。他们花费时间，创造值得分享的内容，同时也成就了更好的自己。他们的努力换来了意义和满足感。关于他们的每一个故事都能帮助我们理解病毒式营销的奥妙。

当我们想到在互联网上走红的事物时，我们就会倾向于认定这些事物的病毒式传播是随机性的。我们总是简单地认为，尽管一些营销人员擅长制作广告，但是广告走红，其中一定有运气的成分。同时，当看到世界上各式各样奇奇怪怪的行为时，我们会吃惊不已，这说明人们的行为都是可以预料的。本书中，我对人们的分享行为进行了详细的分析。当某些点子颇为流行时，不必大惊小怪。你只需要仔细分析它们变得流行的原因。用厄尔诺·鲁比克的话说："人生就是不断破解难题的过程。人生一世，追求的是意义和幸福，与之类似，分享的秘诀就在于理解人们对某些事物由毫不关心变得十分在意的过程。"